숲에서 답을 얻다

길을 잃었다면 숲으로 가라, 그곳에 당신을 위한 답이 있다

홍성범 지음

도서출판 中道

| 추천사 1 |

숲의 지혜로 써 내려간 공존과 평화의 이정표

문희상
제20대 국회의장

나와 오랜 인연을 맺어온 홍성범 군이 그간의 깊은 사유를 엮어 『숲에서 답을 얻다』를 세상에 내놓게 된 것을 진심으로 축하합니다.

젊은 시절부터 곁에서 지켜본 저자는 언제나 뜨거운 가슴을 지닌 사람이었습니다. 국회와 정부, 기업에서 주요 요직을 거치는 동안, 그는 우리 사회의 구조적 모순을 해결하기 위해 누구보다 앞장서 실천하며 용기 있게 행동해 왔습니다. 불평등을 해소하고 더 나은 공동체를 만들고자 치열하게 고민하던 그의 모습은 늘 든든하고 미더웠습니다.

그런 그가 이번에는 인간 사회의 복잡한 난제들에 대한 해답을 '숲'에서 찾아냈다는 소식을 듣고 신선한 충격과 함께 깊은 감동을 받았습니다.

탐욕이 지배하고 타자를 억압해야만 생존할 수 있다는 비정한 논리가 팽배한 이 시대에, 저자는 숲의 식물과 동물들이 서로를 존중하며 평화롭게 공존하는 모습에 주목했습니다. 숲은 누가 누구를 이기는 곳이 아니라, 서로의 다름을 인정하며 하나의 거대한 생명을 이루는 곳임을 간파한 그의 창의적인 통찰에 무릎을 치게 됩니다.

이 책에 담긴 글들은 단순히 숲에 대한 예찬을 넘어, 우리 사회를 향한 묵직한 경종입니다. 갈등과 반목으로 점철된 현실 정치와 사회 문제 속에서 괴로워하는 우리에게, 숲이 건네는 상생의 미학은 더할 나위 없이 소중한 대안이 될 것입니다.

홍성범 군이 숲을 거닐며 정성스럽게 길어 올린 이 지혜의 기록들이 널리 읽히기를 소망합니다. 그리하여 우리 사회가 서로를 짓밟는 경쟁이 아닌, 숲처럼 서로 협력하고 공존하는 평화로운 세상으로 한 걸음 더 나아가기를 기대합니다.

숲에서 길을 찾은 그의 새로운 출발에 아낌없는 격려와 박수를 보냅니다.

| 추천사 2 |

숲이 건네는 공존의 지혜, 그 소중한 기록

김국회
한국숲해설가협회 상임대표

오늘날 우리 사회는 그 어느 때보다 풍요롭지만, 아이러니하게도 그 어느 때보다 각박합니다. '함께 사는 법'을 잊어버린 채 각자도생의 길을 걷고 있습니다. 갈등과 반목이 일상이 된 이 시대에, 우리에게 필요한 진정한 해답은 어디에 있을까요?

이 책의 저자는 우리 사단법인 한국숲해설가협회 내에서도 누구보다 뜨거운 탐구심을 가진 활동가입니다. 숲 탐구동아리인 '목본연구회'와 '겨울 숲 바라보기' 등의 활동을 통해 숲의 생태를 끊임없이 연구해 왔으며, 사회공헌사업 현장인 창경궁숲, 서울숲, 양재시민의숲에서 숲해설 봉사팀의 일원으로 시민들을 위한 봉사 활동에 앞장서 온 유능하고 깊이 있는 숲해설가입니다.

저자는 그 답을 찾기 위해 오랜 시간 숲을 거닐며 나무와 풀과 그곳의 곤충들의 속삭임에 귀를 기울여 왔습니다. 저자가 이번에 펴낸 에세이 『숲에서 답을 얻다』에는 현장에서 발로 뛰며 길어 올린 42편의 맑고 깊은 성찰이 담겨 있습니다.

숲은 결코 서두르는 법이 없으며, 누군가를 억압하여 자신의 존재를 과시하지도 않습니다. 숲의 나무들은 자신의 성장을 위해 햇빛을 향해 자라지만 결코 옆의 나무들을 억압하지 않고 존중하면서 하늘을 함께 나눕니다. 움직이지 못하는 숲의 식물들은 자신을 내어주면서 숲의 동물들과도 서로 돕고 협력합니다.

저자는 숲이 보여주는 이 경이로운 '존중'과 '공존'의 질서를 통해, 뒤틀린 인간 사회를 치유할 실천적 지혜를 제안합니다.

이 책은 단순히 숲의 생태를 설명하는 백과사전이 아닙니다. 인간의 탐욕이 불러온 위기를 극복하기 위해 우리가 회복해야 할 윤리이자, 평화로운 공동체를 향한 간절한 호소입니다.

저자의 따뜻한 시선을 따라 42번의 숲 산책을 마치고 나면, 독자 여러분은 자신의 마음속에도 울창하고 평화로운 숲이 자리하고 있음을 발견하게 될 것입니다.

갈등의 시대, 상처 입은 마음을 치유하고 더 나은 세상을 꿈꾸는 모든 이들에게 이 책을 기쁜 마음으로 추천합니다.

숲이 우리에게 건네는 이 나지막한 답변이 세상 구석구석 널리 퍼져 나가기를 진심으로 기원합니다.

차 례

나의 스승님

치유의 숲

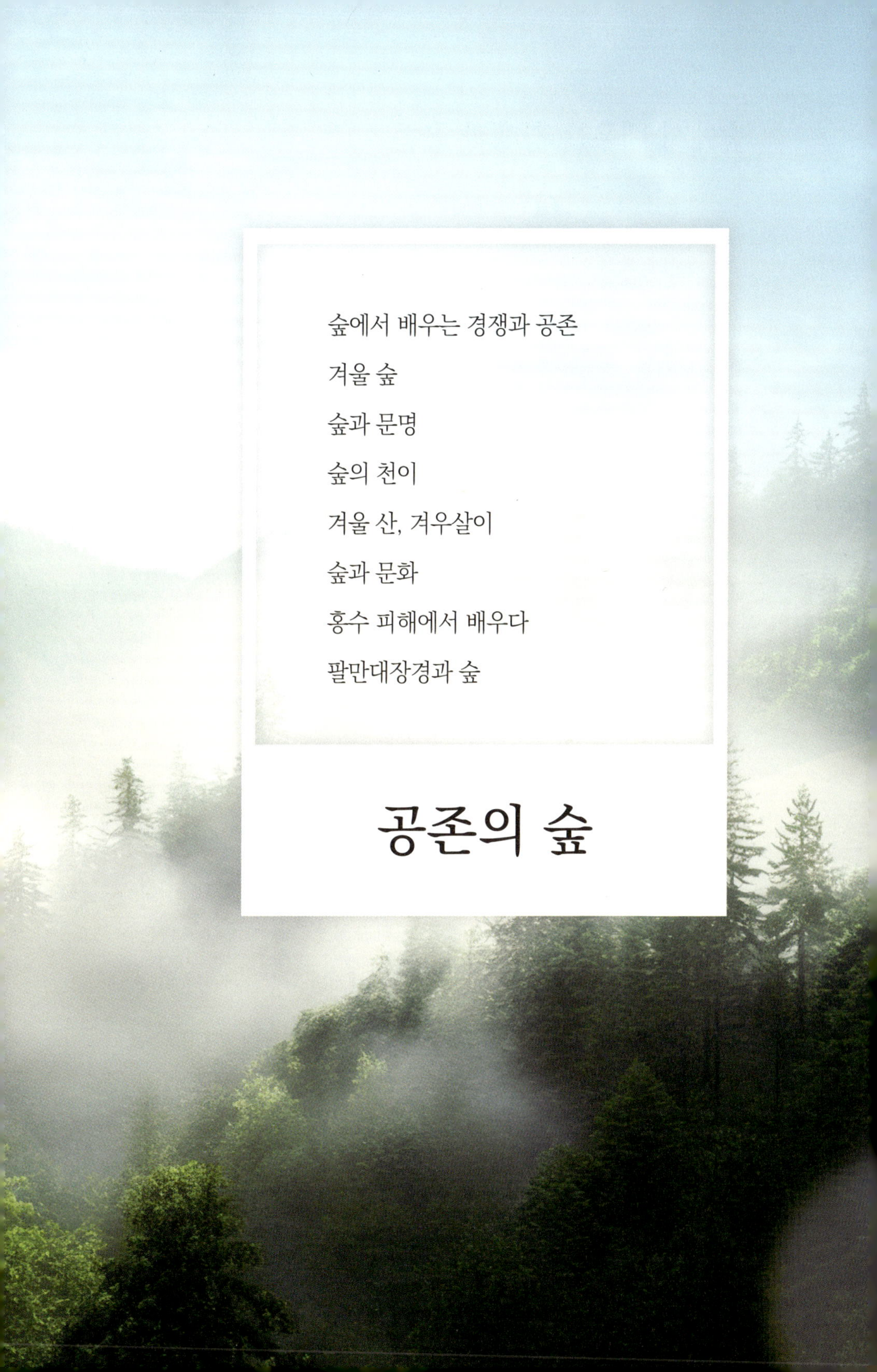

숲에서 배우는 경쟁과 공존

겨울 숲

숲과 문명

숲의 천이

겨울 산, 겨우살이

숲과 문화

홍수 피해에서 배우다

팔만대장경과 숲

공존의 숲

숲에서 배우는 경쟁과 공존

숲에서의 생명체들은 우리 인간사회처럼 매정한 약육강식의 방식으로 치열하게 경쟁할까?

일견 그렇게 보이지만 아니다. 숲의 생명체들은 경쟁하지만 놀라울 정도로 서로를 인정하면서 공존한다. 숲의 나무와 풀들에게 경쟁이란 자기가 살기 위해 타자를 억압하는 방식이 아니라 자기를 지킬 수 있는 힘을 갖기 위한 자기와의 싸움의 과정이다.

숲의 식물은 자신에게 필요한 햇빛을 향해 수직의 공간에서 자기의 하늘을 확보하기 위해 부단히 노력한다. 타자의 공간을 빼앗기 보다는 비어 있는 공간을 스스로 찾아 그 자신의 존재기반을 만들어내기 위해 매일 매일 자신을 키우고 변화시키는 것이다.

숲의 가장자리에 자라는 키 작은 풀들을 보라.

고만고만해 보이는 그들도 매일매일 빛을 다투며 살아간다.

빛을 차지하는 데 불리할 수밖에 없는 키가 작은 식물들은 진화를 통해서 새싹을 틔우고 꽃을 피우는 시기를 키가 큰 식물들보다 앞당기는 식으로 생활 주기를 조절해 빛을 놓치지 않는다.

복수초, 바람꽃, 얼레지 등이 봄의 전령사로 이른 봄에 일찍 꽃을 피우는 이유다.

키가 작으면 작은 대로, 키가 크면 큰 대로 나무들 또한 빛과 양분을 서로 다투며 살아간다.

숲의 상층부를 이루는 소나무, 산벚나무 등 키가 큰 나무들은 서로 자신의 하늘을 열기 위해 줄기를 키우고 가지를 벌린다. 숲의 중층부와 하층부를 이루는 나무들도 상층부 나무들이 한 차례 걸러 낸 빛을 얻기 위해 분투해야 하는 것은 마찬가지다.

울창한 숲속에서 발아한 어떤 신갈나무는 제 잎을 거의 오동잎만큼이나 크게 키워 다른 나무들 때문에 그늘이 진 환경에서도 빛을 받기 위해 놀랍게도 스스로 노력한다. 이건 타자가 아닌 자기와의 싸움이다.

이렇게 빛을 향해 자라는 식물의 성질을 '주광성phototropism'이라고 한다. 식물은 빛으로 향하기 위해 자신의 생장을 조절하는 에너지를 재배치함으로써 주광성을 확보할 수 있다.

층층나무의 경우 곧게 자라는 줄기에 층층이 돌려 뻗는 긴 가지를 매단 채 빠르게 성장하는데 자신의 공간을 열 때까지는 가급적 곧게 가지

를 뻗는 일에 몰두한다. 그늘진 숲에서 자신의 하늘을 열 수 있는 높이까지는 무조건 빠르게 자라는 전략을 익힌 나무이다. 하지만 어른이 되면 여느 활엽수처럼 자유롭게 가지를 뻗어 부드러운 수형을 갖추게 된다.

숲의 빛은 공평하다.

이 빛을 어떻게 활용할 것인가는 그곳에 살고 있는 생명 각자의 몫이다. 이러한 점을 간파한 식물들은 자기의 특성과 환경을 고려하며 끊임없이 변화를 꾀해왔다. 식불은 이렇게 매일 빛을 향하고 공평하게 비추는 햇살을 생명 저마다의 처지와 환경에 맞게 살아가고 있다. 매일 그렇게 자기를 자라게 하는 일을 게을리 하지 않고 있는 것이다.

나무와 풀들이 보여주는 경쟁은 이렇듯 자신과의 싸움이 우선이다.

타자를 누름으로써 이기는 것만을 선으로 삼지는 않는다. 더러 칡덩굴처럼 타자를 휘감아 결국 타자를 해치는 존재가 없는 것은 아니다. 그러나 대부분의 식물들은 무리한 경쟁에 골몰하지 않는다. 식물들은 자신을 꽃피우기 위한 공간을 열기 위해 오로지 자신과 싸운다. 이것이 숲에서 식물들의 경쟁이다.

숲에 기대어 사는 새들 중에 동고비와 딱따구리의 경쟁과 공존도 흥미롭다.

그들은 같은 나무에 있는 애벌레와 곤충들을 잡아먹지만 서로의 존재를 인정하며 자원을 슬기롭게 분배하는 방법으로 공존한다.

딱따구리는 주로 나무속에 있는 먹이를 먹고, 동고비는 나무겉에 있는 먹이를 먹는다. 딱따구리는 아래에서 위쪽으로 이동하며 먹이를 구하지만, 동고비는 주로 그 반대의 모습으로 먹이를 구하는 것이다. 경쟁 속에서도 놀라운 공존방식이다.

진달래와 철쭉도 지혜롭다. 두 나무 모두 분홍색의 비슷한 꽃을 피운다. 그러나 개화 시기는 진달래가 철쭉보다 대략 보름 정도 빠르다. 서로서로에게 더 좋은 결실을 맺기 위해 개화시기를 달리하게 되었던 것으로 추정된다. 즉 이른 봄이라 번식을 매개해줄 곤충의 수는 유한한데, 같은 색깔의 비슷한 꽃이 한꺼번에 만발함으로써 꽃가루받이에 성공하지 못하는 꽃들이 많았던 경험이 그들 유전자에 기억되었을 것이다. 그래서 진달래가 개화시기를 앞당겼거나 철쭉이 점차 개화시기를 늦춤으로써 서로가 만족하는 수분 성공률을 높였을 것이다.

동고비나 딱따구리는 타자가 선점하고 있는 공간에 자신의 공간을 만들기 위해 먹이에 대한 접근방식을 바꾸었고, 진달래와 철쭉은 둘 중 하나가 선점한 개화시기를 피하기 위해 개화를 촉진하거나 늦췄다. 이를 위해 그들 스스로 자신의 에너지를 재편해야 했을 것이다.

주어진 경쟁 환경을 피하고 자신을 실현할 공간과 때를 열기 위해 생명체들이 벌여온 노력이 모여 지금의 생태계를 이루었다. 숲의 생명들이 주어진 여건 속에서 자신을 변화시켜 자신이 꽃피울 장소와 시간을 찾는 것이야말로 자연이 보여주는 경쟁의 정수이다. 그 경쟁을 통해 생태계는 더 견고하게 연결되고 물질은 막힘없이 흐르며 순환하게 되는 것이다.

그러나 오늘날 우리 인간이 벌이는 경쟁은 어떤가.

오로지 나를 변화시켜 나를 실현하고, 그를 통해 더 풍요로운 생명공동체를 이루도록 고안된 경쟁의 원리, 그 건강한 경쟁의 긍정성은 이미 상실되어 버렸다. 우리는 누군가의 이익을 빼앗고 누르는 것으로 승리하고 성공해야 한다는 강박 속에 칡덩굴 방식의 잘못된 경쟁만을 하고 있다. 이러한 경쟁이 심화될수록 곤궁해지는 타자가 늘어나고 공동체도 점차 쇠락해갈 것이다.

살아 있다는 것은 오로지 자기 성장을 모색하는 것이기도 하지만 그를 통해 타자와 관계를 맺고 더 나아가 생명공동체를 위해 무언가 기여하는 것이기도 하다.

서로가 서로를 살찌움으로써 삶의 터전이 더욱 비옥해지는 사례를 숲에서는 쉽게 볼 수 있는데 제비꽃과 개미가 서로를 돕는 과정이 그 한 예이다. 제비꽃은 주로 개미를 매개자로 자신의 씨앗을 번식시킨다. 개미들은 자신의 집으로 식량을 옮긴다. 개미는 제비꽃이 개미를 부르기 위해 씨앗에 붙여놓은 '일레이오좀'이라는 젤리를 담은 물질을 먹기 위해 제비꽃 씨앗을 통째로 물어 집으로 옮긴다. 개미에 옮겨진 제비꽃 씨앗은 때가 되면 새롭게 제 싹을 틔워 종족 번식을 하게 되는 것이다.

봄부터 늦가을까지 샛노란 꽃을 피우는 애기똥풀도 마찬가지다. 그들도 제비꽃처럼 개미를 위한 식사를 준비해주고 개미를 통해 자신의 씨앗을 옮겨 번식한다. 서로 도와가며 삶을 잇는 이러한 방식의 공존은 숲에서는 흔하다.

숲의 생명체는 아주 복잡한 관계의 망으로 얽히고설켜 살아간다. 그 복잡한 관계의 망 속에서 누군가를 돕고 누군가의 도움으로 자라고 꽃 피우고 열매 맺으며 성장하도록 되어 있다.

인간은 더욱 그렇다. 인간은 어느 누구도 그 자체로서 온전한 하나의 섬이 아니다. 기대지 않고 살아갈 수 있는 생명체는 없다.

그러나 지금의 세상은 오로지 자신의 배만 불리고 제 영혼만 살찌우면 된다는 위험한 욕심으로 가득하다.

우리는 숲에서 배워야한다. 서로를 인정하는 관계의 망 속에서의 공생과 공존의 방식을.

겨울 숲

겨울 산에 가보자.

우리는 산과 들에 주로 꽃을 보러 또는 형형색색의 단풍을 보러 간다. 그래서 봄이면 이산 저산 등산객으로 넘쳐나고, 가을 단풍철에는 주요 단풍 명소가 교통전쟁이다. 이 또한 찌든 도시를 떠나 삶의 여유를 갖고 자연을 접하는 바람직한 활동이다.

이제 겨울 산에도 가보자.

겨울 산에 주목하는 사람들은 상대적으로 많지 않다. 등산로가 미끄럽고 위험해 많은 안전 장비가 필요하기에 상당한 준비를 하지 않으면 접근하기가 쉽지 않은 것도 현실이다. 하지만 한 번 겨울 산을 접해본 사람들은 단번에 겨울 산의 매력에 빠지고 만다.

상고대, 하얀 설산, 능선과 발목까지 빠지는 눈길을 걷다 보면 마치

동화 속의 겨울 왕국에 온 착각에 빠지기에 충분하다. 어린 시절 눈싸움하며 추위도 시간 가는 것도 잊고 즐거웠던 그 시절이 저절로 떠올려진다. 요즈음 도시에서 많은 눈을 오래 보지 못하는 현실과 대비되어 더욱 그렇다.

어느 등산가는 사계절 중 겨울 산이 단연 최고이며 자신은 겨울 산에 안전하게 가기 위해 봄부터 가을까지 산행로를 탐색한다고 한다. 그만큼 겨울 산은 특별하고 매력적이다.

겨울 산에서는 그동안 무성한 나무 잎에 가려져 다른 계절에는 잘 드러나지 않았던 산의 근육을 제대로 볼 수 있다. 혹자는 이를 '산결'이라고도 하고 '골계미'라고도 한다.

전망 좋은 산 정상에서 적나라하게 드러난 산등선과 골짜기, 굽이치는 산의 물결을 제대로 감상해 보는 기쁨을 꼭 경험해 보자. 두꺼운 눈을 덮고 있어도 좋고 눈이 녹아 더욱 분명하게 드러난 산의 골격을 보는 것은 더 좋다.

체력이 허락되지 않은 분들은 곤돌라를 이용해서라도 꼭 경험해 보기를 권해 본다.

겨울 산에 가면 하얀 설경만 감상하지 말고 잠시 여유를 가지고 겨울 숲, 겨울 나무도 자세히 관찰해 보자.

겨울에도 푸른 잎을 간직하고 있는 상록 침엽수는 하얀 눈과 대비 되어 겨울에 더욱 늠름하고 아름답다. 모든 낙엽 활엽수는 가을에 다 잎을

떨고 있을 것 같은데 그렇지 않은 나무도 있고 열매를 아직도 매달고 있는 나무도 제법 있다. 겨울 숲에 가면 이렇듯 봄이나 가을 못지않게 다양한 나무의 살아가는 방식을 볼 수 있다.

그런 나무들에 가까이 다가가 자세히 관찰하고 나무와 교감해 보자.

겨울 나무는 죽은 듯이 보인다. 하지만 자세히 관찰해 보면 새로운 성장을 준비하는 생명력을 느낄 수 있을 것이다.

겨울 나무 가지 사이로 보이는 넓어진 하늘도 나뭇잎의 저항이 사라진 자유로운 바람 길도 느껴보자. 나뭇잎에 가려져 있어 보지 못했던 새나 청서의 둥지들도 찾아보자. 평온하고 여유로운 공간에서 조용히 움직이며 살아가는 여러 생명체와 한 해 동안 나무와 함께 살아갔던 생명의 흔적들을 찾아보는 재미는 숲이 비어야 비로소 보이며 느낄 수 있는 겨울 산만이 주는 선물이다.

나무는 겨울이 오기 전부터 치밀하게 준비한다.

봄부터 자신의 몸집을 키우고 자라는데 총력을 기울인다. 그러나 여름이 깊어지면 스스로 조금씩 성장을 멈추기 시작한다. 햇살이 여전히 머리 위를 작열하고 날씨가 추워지려면 아직 시간이 한참을 남았어도 더 이상 가지를 뻗어 나가지 않는다. 그리고 그렇게 멈춘 가지 끝에 꽃을 피운다. 한여름 우리의 눈을 기쁘게 하는 나무들의 다양한 색의 꽃들은 가지가 성장을 멈췄다는 증거인 것이다. 멈추지 않고 계속 자라기만 한다면 풍성한 꽃도 튼실한 열매도 볼 수 없다.

자신의 잎을 떨어뜨리고 추운 겨울에 대비하는 몸을 만드는 온대지방의 나무는 봄이 되면 성장호르몬을 통해 가지를 자라게 하고 부피를 키운다. 그러나 가을이 되면 가지와 잎을 연결했던 관을 막고 잎을 떨어뜨려 최소한의 에너지로 겨울을 지낼 준비를 한다.

추위가 닥치면 동물은 안전한 곳으로 이동하지만 움직일 수 없어 고스란히 추위를 견뎌야 하는 나무는 스스로 저온 순화한다. 몸의 물기를 빼고 세포 내 탄수화물, 단백질, 지방 등의 농도를 높게 하여 농축된 세포액의 어는점을 낮춘다. 생장과 호흡을 줄여 세포 내 당분함량을 증가시켜 영하 30도의 혹한에서도 얼지 않고 생존할 준비를 하는 것이다. 저온순화가 되면 식물이 어는점 이하의 일정 온도에 노출되어도 추위를 견딘다.

그리고 남은 영양소를 1년생 가지에 옮겨 저장한다. 그래서 나무의 1년생 가지에는 나무의 고유한 특성, 즉 나무의 미래가 온전히 보전되어 봄으로 비상할 준비를 하는 것이다.

겨울 나무를 자세히 관찰해 보면 품종마다 다른 눈(Bud)이 있다.

나무의 종을 식별하기 위해서는 특히 생식기관 또는 열매와 종자가 중요하지만 대부분의 나무는 개화기가 그리 길지 않아 관찰시점을 놓치면 확인이 어려워진다. 그러므로 나무를 연구하는 사람들은 나무의 눈에 주목한다. 나무의 겨울 눈은 종마다 근연종과 구별되는 특색을 갖춘 경우가 많고 특징이 상당한 일관성을 띠기 때문이다. 더욱이 겨울 눈은 겨우내 긴 시간 동안을 관찰할 수 있어 종을 식별하는 중요한 단서가 된다.

겨울 눈의 외양뿐만 아니라 겨울 눈이 시간의 흐름에 어떻게 전개되는지 지속 관찰하는 것은 매우 흥미로운 경험이 될 것이다.

겨울 눈 안에는 여린 잎들과 꽃들이 잠자고 있다. 혹독한 추위를 잘 견디고 나면 언제 겨울이었냐는 듯 푸른 잎들과 꽃들이 기지개를 켤 것이다.

나무는 겨울 눈을 만들 때 내년에 굵게 뻗어 갈 가지는 어느 방향으로 할지, 주변 나무와 겹치지 않으려면 어느 가지를 뻗어야 할지 미리 계산하여 먼저 설계한다. 그 다음 가지의 영양 상태를 분석하여 꽃을 피우고 열매를 맺어 자손을 번식시킬 수 있는 꽃눈을 만들지, 수꽃눈만 만들어 꽃가루를 받을지, 아니면 가지와 잎을 만들어 나무의 몸을 성장시키는 일에 집중할지 판단하여 겨울 눈에 숨겨 놓는다.

나무는 이러한 막중한 기능을 담당할 겨울 눈을 보호하는 장치도 마련한다. 겨울 눈을 자세히 보면 두꺼운 털로 덮여 푹신하고 통통한 모습도 있고, 얇은 옷을 여러 겹 겹쳐 입고 있기도 하다. 습기나 곤충으로부터 겨울 눈을 보호하기 위해 밀랍이나 송진으로 덮여 있기도 하다. 나무는 자신의 모든 미래가 담겨 있는 겨울 눈을 추위와 주변 환경으로부터 완벽하게 보호한다. 실로 놀라운 준비다.

도저히 생명을 유지할 수 없을 것 같은 환경을 묵묵히 견디고 있다가 봄이 오면 어김없이 여린 잎을 내고 화려한 꽃을 피우는 모습에서 죽음과 삶의 강렬한 대비를 느낀다는 것은 지나친 감상이 아니리라.

이제 겨울 산에 가면 오감의 문을 활짝 열고 겨울 나무가 들려주는 긴 침묵의 시간을 느껴보자.

나무는 스스로 멈춰야 할 때를 잘 안다.

지금까지 최선을 다해 성장했고 욕심을 내어 더 클 수 있다는 것도 알지만 어느 순간 스스로 자라기를 멈춘다. 결국 나무에게 있어 멈춤은 자신을 위한 약속이면서 동시에 주변 생물들과 맺은 공존의 계약인 셈이다.

인생도 가던 길을 멈추고 숨을 돌려야 한다.

나무처럼 멈춰야 할 때를 알기란 쉽지 않겠지만.

숲과 문명

모든 문명은 큰 강을 끼고 비옥한 땅을 바탕으로 발원했다.

메소포타미아 문명은 티그리스와 유프라테스 강에서, 이집트 문명은 나일 강에서, 인도 문명은 인더스 강과 갠지스 강에서, 그리고 중국 문명은 황하 강에서.

그러나 그토록 번성했던 문명이 어쩌다가 몰락한 것일까? 그 답은 숲에 있다.

문명의 몰락은 숲을 파괴한 인간의 자업자득이다. 상류의 울창했던 숲이 사라지면 강은 홍수와 갈수를 반복하며 자연재앙을 부른다. 우기에 물을 저장했다가 건기에 내보내는 숲의 기능이 사라졌기 때문이다.

메소포타미아, 인도, 마야 문명은 가뭄과 갈수에 사라졌다. 앙코르와트의 크메르 문명은 홍수에 무너졌다. 갈수든 홍수든 모두 숲을 경시하고 파괴한 대가다. 이집트 문명과 황하 문명은 강이 워낙 길어서 상류의 모든 숲을 파괴할 수 없었기에 다행히 몰락을 면했다.

고대문명들이 숲을 파괴한 이유는 동일하다. 거대한 도시와 신전을 건설하기 위해 나무를 마구 베었다. 메소포타미아 문명의 몰락 이야기는 구약성서에도 등장한다. 환락의 도시 소돔과 고모라, 하늘을 찌를 듯한 바벨탑, 노아의 방주 등에 등장하는 건물들은 모두 벽돌이나 목재로 지어졌다. 이를 위해 대규모 벌목은 불가피했으리라.

기원전 3,500년 경 등장한 메소포타미아 문명은 약 1,500년간 번영을 누리다가 기원전 2,000년 이후 유프라테스 강과 티그리스 강의 상류 산악지대가 황폐화되면서 쇠락의 길을 걸었다. 산림의 파괴는 수원인 고산설봉의 만년설을 급속히 녹였고 우기와 건기에 두 강이 홍수와 갈수를 거듭하자 중, 상류의 초원과 농경지는 황무지로 변해버렸다. 삶의 터전을 잃은 주민들이 뿔뿔이 흩어지면서 찬란했던 메소포타미아의 영화는 막을 내린다. 노아의 방주 이야기는 이즈음 잦은 가뭄과 홍수를 배경으로 전해진 이야기다.

기원전 2,500년 경 인더스 강 유역에 드라비다 족이 일군 인더스 문명도 마찬가지다. 상류에 건설한 고대 도시 하라파와 하류의 모헨조다로 유적을 보면 매우 정교한 상·하수도와 건축물로 꾸민 수준 높은 계획도시였다. 이런 시설과 건물은 대부분 구운 벽돌로 건설되었는데 이 수많은 벽돌을 구워내기까지 파괴된 숲의 규모는 매우 컸다. 기원전

1,500년 경 중앙아시아 유목민족 아리안족이 이곳을 정복할 즈음 인더스 강은 상류의 산림이 파괴된 탓에 가뭄과 홍수를 반복했다. 아리안족은 기원전 1,000년 경 이곳을 버리고 갠지스 강 유역으로 이동하여 갠지스 문명을 일으킨다. 그러나 이곳도 인더스 문명의 전철을 밟고 몰락하고 만다.

반면 기원전 3,000년 경 발원한 이후 무려 3,000년간 번성했던 이집트 문명은 오늘날까지도 이어지고 있다. 한때 로마제국의 지배를 받긴 했지만 문명의 맥은 끊어지지 않았다. 이집트 문명이 존속할 수 있었던 것은 다른 이유도 있겠으나 마르지 않는 나일 강 덕분이다.

이집트 문명은 길이 6,671km의 나일 강의 풍부한 물과 우기마다 홍수가 남긴 퇴적물로 비옥한 토지를 가져 농업이 번성했다.

중국 황하 문명 역시 길이 5,464km의 긴 강에 의지해 발원한 덕분에 상류의 숲이 보존되었다. 특히 황하 문명은 거대한 신전도 도시도 건설하지 않았다. 중국 전역의 큰 강변에서 황하 문명에 버금가는 선사 유적들이 발굴되는 것을 보면 적어도 기원전 1,000년 이전까지는 대규모 산림 파괴는 없었던 것으로 추정된다. 그러나 기원전 700년대 열국들이 흥망성쇠를 거듭한 춘추전국시대에 이르면 상황이 달라진다. 화려하고 웅장한 궁전을 다투어 지었고 더 많은 식량을 얻으려고 산림을 파괴하고 초원을 개간하였다. 오늘날 중국 내륙 곳곳의 황막(荒漠) 지대가 그 흔적이라 해도 지나치지 않다.

지구상 가장 황폐한 땅으로 알려진 불모지라는 뜻의 사하라 사막은 가라만테스 문명이 있던 곳으로 5,000년 전만 해도 호수를 낀 초원과 숲이 울창했던 곳이다. 우기에는 빗물이 강을 이루고 흘렀다. 이를 증명하는 유적과 유물이 리비아 영내 사하라 바위산에서 여럿 발견되었다. 사막 한가운데 우뚝 솟은 바위산의 암벽에는 신석기인들이 그려놓은 그림이 아직도 많이 남아 있다. 습지동물인 하마와 초원동물인 누와 양, 그리고 농경에 사용된 농기구들이 발굴되어 이곳이 농경이 가능한 초원지대였음을 증명하고 있다. 고고학자들은 1만 2,000년 전 사하라 곳곳에 호수와 강이 있었고 구석기인들이 농경을 시작하여 7,000년 전 인구가 급속히 늘면서 초원을 농지로 개간하고 숲을 파괴하고 도시를 건설하였다고 분석한다. 5,000년 전 땅이 메마르기 시작하여 2,000년 전 가라만테스 족이 거대 도시를 세울 즈음 강과 호수는 바닥을 드러냈다. 우물을 파 식수를 구했고 지하수를 연결하여 어렵게 농사를 지어야 했다. 그러다가 지하수마저 바닥나자 사막화는 급속히 진행되었다. 그 결과가 오늘날 사하라 사막이다.

중동 요르단 고대 도시 페드라의 사례도 마찬가지다. 기원전 6세기 나바테아족이 세운 왕국의 수도 페드라에는 협곡 상류에서 거대한 댐 유적이 발굴되었는데 반지름 25km 넓이의 저수지에 물을 가둘 수 있는 엄청난 규모이다. 페드라는 기원전 4세기 이후 중동과 인도를 잇는 실크로드의 기착지로 번성했고 106년 로마제국이 이곳을 정복한 뒤 전략 요충지로 삼으면서 상주인구 3만 명 이상의 거대도시가 되었다. 이 시기에는 우기에 제법 많은 비가 내렸고 협곡 상류에는 초원과 울창한 숲이 있었다. 로마점령군은 인구가 급증하자 식량을 조달하기 위해 초원과 숲을 농지와 목축지로 개간했다. 그 결과 우기에도 강수량이 줄어들었다. 비를 만드는 수증기의 공급원인 숲과 초원이 사라졌기 때문이다.

숲을 파괴하고 무분별한 개간이 부른 최악의 재앙은 1936년 북미대륙을 덮친 흙폭풍이다. 미국 남서부에서 시작하여 중부를 휩쓸고 동부의 뉴욕까지 덮친 이 폭풍으로 불과 2시간 동안 3억 톤의 흙먼지가 하늘로 솟구쳤고 여름 낮 기온이 46도까지 기록됐다. 흙먼지 탓에 태양을 제대로 볼 수 없었고 미국 국토의 3분의 1이 초토화 되었다. 미국인들은 폭풍이 잦아진 뒤에도 폐렴 등 호흡기질환에 시달렸고 기근과 식량난도 이어졌다. 초원과 숲을 파괴한 결과였다.

대가를 치루고 난 뒤에야 연방정부 농무부 휴 베넷의 "초지 복원만이 흙폭풍을 막을 수 있으며 초원을 복원하기 위해 먼저 나무를 심어야 한다."는 내용의 보고서가 당시 루스벨트 대통령에 의해 채택되어 최대 규모의 조림 사업이 시작된다. 10년 뒤 숲과 초원은 되살아났고 대부분을 보호구역으로 지정 추후 훼손을 방지하였다. 오늘날 야생동물이 한가로이 뛰노는 남서부 초원은 재앙 끝에 복원한 탁월한 산림 정책의 결과이다.

네덜란드는 초지와 숲을 조성해 자연재해를 줄인 모범국가이다. 네

덜란드는 가장 높은 곳이 해발 321m이며 국토의 3분의 2가 해수면보다 낮다. 유럽대륙을 관통하는 세 개의 큰 강인 라인, 마스, 스헬더가 이 나라로 흘러왔다가 북해로 나간다. 그렇기 때문에 상류지역에 큰 비가 오면 홍수를 피할 수 없다. 만약 만조나 해일이 겹치면 작은 홍수에도 큰 피해를 입는다. 네덜란드는 '유수공간 프로젝트'를 통해 하류의 강폭을 넓히고 상습 범람지역에 유수공간을 확보하는 한편 초지와 녹지를 대대적으로 조성하였다. 녹지에는 뿌리를 깊이 내리는 풀과 관목을 심었다. 풀과 나무는 홍수의 흐름을 늦추고 표토를 보호했다. 오늘날 농업강국 네덜란드는 이러한 노력의 결과이다.

숲을 파괴하면 강이 보복한다. 찬란했던 문명도 거대 도시도 사라진다.

예나 지금이나 숲은 인류 문명의 근원이다.

숲의 천이

모든 만물이 변화하듯이 숲도 시간이 경과함에 따라 변화한다.

고등생물군집이 존재하지 않는 사구나 암석지 등에는 이끼와 같은 선태류 등의 하등식물이 먼저 터를 잡고 유기물을 축적하기 시작하여 그 지역의 환경에 적응하는 식생을 만들어 간다. 인위적 또는 자연적인 교란요인에 의해서 훼손된 자연식생은 원래의 상태로 복귀하는 절차를 밟는다.

이와 같이 한 시점의 생물상이 시간이 지남에 따라 점차 다른 생물상으로 변화하여 궁극적으로 주위 환경과 조화를 이룸으로써 생물상의 변화가 거의 없어지는 안정 상태로 발전하는 진행과정을 '천이(ecological succession)'라고 한다.

생물상은 환경 적응의 결과이고 환경, 특히 미세 환경이 생물상에 의해서 조절되는 원리를 고려하면 생태 천이는 생물상의 변화와 이에 수반되는 물리적 환경의 변화도 포함된다. 이러한 과정이 숲에 의해서 주도되거나 산림군집에서 일어나는 경우를 '산림천이(forest succession)'라고 한다.

한 시점에서의 식생이 점차 다른 식생으로 교체되어 가는 천이의 개념은 그 시점의 환경조건에 적응한 식생이 단계적으로 다음 환경으로 이어져 발달한다는 것을 의미한다.

식생이 없는 초기상태에서는 하등식물이 가장 먼저 이주한다. 그 다음으로 초본식생, 그 후에는 목본식물의 군집단계로 변화하면서 점차 천이 진행은 마무리된다. 이런 과정을 거치면서 생물은 물리적 환경과 평형상태를 이루며 거의 변화가 없어지는 안정된 군집에 도달한다. 이러한 마지막 단계 또는 거의 변화가 없이 상당히 오랫동안 지속되는 군집을 극상군집이라고 하고, 식생형이 산림인 경우에는 '극상림(climax forest)'이라고 한다.

숲이 발달하는 과정을 살펴보면 초기에는 콩과식물과 같이 척박한 환경에서도 잘 자라는 식물들이 먼저 들어와 생육한다. 이와 같이 척박한 토양에 들어와 생명을 이어가는 식물들을 개척자와 같다고 하여 선구종이라고 부른다. 초기에 들어와 생육하던 선구식물들은 그 후 여러 가지 천이단계를 거쳐 비교적 안정적인 숲의 상태에 도달한다. 이와 같은 경우를 극상 또는 천이 후기라고 한다.

우리나라 중부지방에서 극상을 이루는 수종은 서어나무, 까치박달나무 등이 널리 알려져 있다. 대표적으로 경기도 광릉 서래봉의 서어나무림이 극상림이다.

산림천이는 발달단계를 거치면서 여러 가지 생태계 속성을 연쇄적으로 변화시키고 또한 그 변화에 의해서 천이가 영향을 받는다.

숲에서 산림천이가 진행될수록 숲의 나무들은 키가 커지고 몸집도 커지며 수직적 계층분화가 일어난다. 지상에서 산림식생 피복의 높이와 밀도가 증가함으로써 산림군집 내의 미세기후는 점진적으로 군집 자체의 성격에 의해서 변화한다. 숲이 기후 변화를 거치면서 천이 초기의 단순한 산림군집에서 천이 후기의 복잡하고 성숙한 산림군집으로 변화하고 숲속의 종 다양성도 함께 증가한다.

천이의 진행과 함께 토양도 발달하는데 토심이 깊어지고 유기물 함량이 증가한다. 이에 따라 토양층의 분화가 일어나면서 성숙한 토양으로 변해 간다. 천이가 진행될수록 산림식생과 토양 속의 양분 저장량은 증가하고 식물체 내의 양분 저장 비율이 증가한다.

토양의 발달, 군집의 변화, 자원 이용 효율이 증가함에 따라 산림군집의 단위면적당 생산성, 즉 유기물의 생산비율이 함께 증가한다.

이러한 전통적인 숲의 천이과정은 현대에 이르러 환경오염이란 새로운 문제에 의해 왜곡되고 있다.

도시의 대기오염도는 과거에 이미 이끼들이 급성피해를 입는 단계를 훨씬 상회하고 있기 때문에 현재는 도심지는 물론 도시 주변에서도 이끼를 찾아보기가 힘든 실정이며 이끼들이 생존했던 자국만 희미하게 바위 또는 나무줄기에 남아 있을 뿐이다.

저항성 또는 내성은 일반적으로 높은 수준의 대기오염에서 특정 식물이 피해를 받지 않고 얼마나 오랫동안 견딜 수 있는가를 판단할 때 쓰이는 척도이다. 저항성이 큰 식물들은 대기오염이 심한 지역에서도 죽지 않고 잘 자랄 수 있는 식물들로서 이런 식물들은 심한 대기오염이 예상되는 지역이나 대기오염 때문에 파괴된 생태계 지역에 식재하기에 적합한 식물이라고 할 수 있다. 일반적으로 상록수는 낙엽활엽수에 비해 대기오염물질에 대한 저항성이 더 강하다.

현대에 이르러 지금 세계 곳곳에서 나무들이 특정한 병이나 해충의 감염을 받지 않았음에도 불구하고 숲에서 그 활력이 저하되고 개체의 고사율이 증가하는 현상이 발생하고 있다. 미국과 캐나다 접경지역에 분포하는 전나무류와 가문비나무류에서 많이 나타나고 있으며 독일의 침엽수림에서도 많이 나타났다. 우리나라에서는 제주도의 구상나무에서 사례를 찾아볼 수 있다.

이와 같이 그 원인이 특별히 알려지지 않은 채 숲의 나무들의 상태가 나빠지고 나무들이 죽어가는 현상을 '산림쇠퇴'라고 한다. 산림쇠퇴 현상은 한두 그루의 나무에 국한되지 않고 상당히 넓은 지역의 숲에 광범위하게 나타나고 있다.

과학자들은 이상기후에 따른 기상 변화가 원인이라고 진단한다.

이상기후가 빈발해진 이유는 숲의 파괴와 환경오염의 심화에 따른 지구 온난화 현상 때문이다. 지구 온난화 현상은 지구의 기온이 화석연료의 연소에 의한 대기 중의 이산화탄소 증가로 인해 올라간다는 이론으로 이는 직접적으로 온실효과에 의하여 일어난다. 태양 복사광선은 대기를 쉽게 통과하여 지구 표면을 데우는데 이로 말미암아 복사물질 표면에서 파장이 긴 적외선이 방출된다. 대기 중에 있는 이산화탄소와 수증기는 이 적외선이 지구 밖으로 방출되는 것을 막는데 이로 인해 지구표면이나 대기 온도가 상승한다.

1헥타르의 숲은 연평균 5.5톤의 이산화탄소를 고정한다고 한다. 열대우림 1헥타르는 매년 10톤의 이산화탄소를 고정할 수 있다. 이러한 숲의 이산화탄소 고정능력을 이용하면 지구온난화 억제에 큰 도움이 된다.

숲이 현대 우리에게 얼마나 소중한지를 자각해야 한다.

이제 숲을 더 이상 다른 용도로 전용하는 것을 방지하고 계획을 가지고 숲의 면적을 더 늘려가면서 숲의 순 기능을 높이는 노력을 해야 한다.

자연은 우리가 후손에게 잠시 빌려 쓰고 소중하게 보전해 주어야 할 공동재이다. 인간이 탐욕과 눈앞의 작은 이익을 위해 마구잡이로 훼손한다면 공멸을 자초할 뿐이다.

지금 숲의 나무들은 갈망한다. 인간에 의한 파괴가 아닌 자연법칙에 따른 숲의 천이를.

겨울 산, 겨우살이

겨울 숲에 가면 앙상한 나무 가지 끝에 새의 둥지 같기도 하고 바람에 실려 온 다른 나무의 가지 같기도 한 것을 볼 수 있다. 겨우살이다.

그러나 최근 약재로 관심이 높아지면서 인적이 드문 곳에서는 함부로 채취하여 그 수가 줄고 있다.

겨우살이는 쌍떡잎식물 단향목에 속하는 기생 식물들을 일컫는 말로 기생관목. 겨우살이, 겨우사리, 동청(冬靑), 기생목(寄生木) 등으로 불린다. 영어로는 Mistletoe라고 한다.

다른 식물에게 기생해서 겨울을 나는 식물로 늦가을에 싹을 틔워 겨우내 숙주가 되는 나무의 수액을 뽑아 먹고 꽃을 피운 다음 열매를 맺는다고 해서 붙은 이름이다.

번식 방법으로 새를 이용하는데, 새가 열매를 먹고 다른 나무의 가지에 배설을 하면 거기에 싹을 틔우고 자란다. 나무 가지에 잘 달라붙을 수 있도록 열매는 아주 끈적끈적하다. 씨앗은 물이 없더라도 싹이 트지만, 빛이 없는 곳에서는 싹이 안 난다. 나무 가지가 아닌 곳에서는 발아까지는 하지만 제대로 생육하지 못한다. 다른 나무의 가지에서 껍질을 뚫고 들어가 싹을 틔우고 그 나무의 수액과 양분을 빼앗아 섭취하며 살아간다. 특이한 생존방식이다.

겨울이 되면 산은 온통 하얀 세상이다. 초겨울부터 내린 눈이 응달에 쌓이고 쌓여 이듬해 봄에 녹을 때까지 산은 모든 것이 죽은 듯 깊은 잠에 빠진다. 그런데 이 시기에 늙은 나무의 가지에서 제 세상을 만나 푸르름을 잃지 않는 녹색 다발인 겨우살이는 겨울 숲의 반가운 친구다.

북풍한설이 몰아칠수록 높은 가지에 까치집처럼 매달려 흔들흔들 마냥 신난다. 추위가 매서울수록 더욱 푸르다. 주로 참나무류의 줄기에 붙어 자라는 것을 쉽게 접하는데 서어나무, 버드나무, 팽나무 등 낙엽활엽수의 큰 나무 등에서도 산다. 땅에 뿌리를 박고 사는 나무와 달리 겨우살이는 남의 몸에 깊숙이 다리를 내리고 산다.

가을에 콩알 같은 둥근 열매가 노랗게 익으면 산새들이 따먹는다. 그리고 그 열매를 배설물과 함께 여기저기에 퍼트린다. 우연히 큰 나무의 가지에 떨어진 씨는 다른 나무의 속살로 파고드는 데 뿌리는 나무껍질을 뚫고 들어가 영양분을 빨아 먹고 정착한다. 겨우살이 열매의 껍질을 벗기면 속에 점액질의 과즙이 들어 있는 것을 볼 수 있는데 이 달콤한

과즙이 새들을 유혹하는 것이고 이는 겨우살이와 새의 절묘한 공존조건이다.

새들은 겨우살이 열매를 삼키지만 딱딱한 씨는 소화되지 않고 그대로 버려지게 된다. 그런데 신기하게도 겨우살이의 씨는 그냥 나뭇가지에 있을 때는 쉽게 발아하지 않는다. 반드시 동물의 장을 통과하여 소화 효소에 의해 섬유질이 분해되고 나서야 싹이 튼다. 겨우살이의 씨를 감싸고 있는 딱딱한 껍질은 표면이 에나멜 성분으로 코팅 처리가 되어 있는데 새의 장을 통과한 뒤에 에나멜질이 녹아 껍질이 수분을 흡수할 수 있게 되고 이어서 싹이 트는 것이다. 또한 씨앗과 함께 배출되는 새의 분비물은 비료 성분이 적은 겨울 나무가지에서 겨우살이의 성장에 필요한 훌륭한 밑거름이 된다.

처음 싹이 트면 두 장의 떡잎이 벌어지고 가운데에서 줄기가 자란다. 가지는 계속 두 개씩 뻗어 나간다. 가지 끝에 달린 잎은 두 장이 마주 붙고 긴 타원형이며 두껍다. 황록색의 꽃은 아주 작아서 잘 보이지 않지만

4장 내지 6장의 꽃잎도 있고 수술도 있다.

겨우살이의 뿌리는 단단한 목질부로 이루어져 있다. 숙주나무의 줄기에 쐐기꼴의 목질성 뿌리를 깊이 박아 줄기를 늘어뜨린다. 크게 자라면 줄기가 빽빽한 것이 지름이 1미터 정도의 녹색 공처럼 보이게 된다. 그 위에 흰 눈이라도 쌓이면 선명한 녹색이 더욱 푸르게 보여 겨울 산에서 독야청청이다.

겨우살이는 높고 깨끗한 가지, 그중에서도 명당자리에서만 뿌리를 박고 산다. 햇빛은 성장의 필수조건이다. 좋은 위치에 안착한 겨우살이에게는 이제 일하지 않고도 양식 걱정을 할 필요가 없다. 다른 나무에 기생하면서도 인간들로부터 불사신의 상징으로, 하늘이 내린 신령스러운 나무로 귀히 대접 받으니 땅에다 뿌리를 박고 사는 다른 나무들의 입장에서 보면 약이 오른다.

평안도에서는 전염병이 돌면 문 밖에 겨우살이를 걸어두고 역신을 쫓았다. 모든 생명체가 겨울이라는 계절의 신 앞에 무릎을 꿇을 때도 겨우살이는 홀로 청춘을 노래하기 때문이리라.

스웨덴에서는 겨우살이가 천둥번개 때문에 생기는 식물로 믿었다. 따라서 화마에서 사람을 보호해 주고 벼락을 피하는 효력이 있다고 생각했다. 이탈리아에서도 겨우살이가 화재와 재앙을 막아준다고 믿었다. 아프리카 어느 부족은 겨우살이를 몸에 지니면 부상을 입지 않는다고 여겨 전쟁에 나설 때면 반드시 몸에 지녀 부적으로 사용하였다.

겨우살이는 기생식물이지만 녹색 잎을 가지고 있다. 따라서 스스로 광합성을 할 수 있기 때문에 종자에 녹말을 저장한다. 다만 뿌리가 없어서 수분과 각종 유기물을 숙주나무에 의존할 수밖에 없는 것이다.

겨우살이는 동서양에서 모두 만병통치약으로 사용하였다. 특히 참나무류에서 자라는 곡기생, 뽕나무 가지에서 자라는 것을 상상기생목, 또는 상기생이라 하여 귀한 약재로 여겼다. 특히 뽕나무에 기생하는 겨우살이가 많았던지 이두(吏讀)에 상수상동사리(桑樹上冬沙里)로 표기하고 있다. 옛날에는 누에를 기르는 뽕나무가 많았으니 자연히 늙은 뽕나무에 겨우살이가 흔했을 것이다. 뽕나무가 귀해진 지금은 뽕나무겨우살이도 구하기 어려워 전설속의 약재가 되어가고 있으니 격세지감이다.

최근 독일에서는 겨우살이를 가공하여 항암제를 개발하고 있다. 꼬리겨우살이의 잎이 붙은 줄기에는 아비쿨라린 성분이 포함되어 있는데 혈중 콜레스테롤을 낮추고 혈관을 확장하여 동맥경화, 노인성 치매의 예방과 치료에 탁월한 효과가 있다고 한다. 또 겨우살이는 눈을 밝게 하고 몸을 가볍게 하며, 머리털과 치아를 단단하게 한다. 산모에게 특히 좋다고 알려져 있기도 하다. 가슴이 두근거리고 불안할 때는 당귀와 함께 쓰면 좋다. 협심증이나 고혈압에는 두충, 갈근, 황금, 잇꽃, 꿀풀과 함께 쓴다.

그러나 아무리 좋은 약재라 해도 의사의 지시에 따라야 한다는 것은 상식이다. 그런데도 의사의 처방 없이 임의대로 과용하여 오히려 몸을 망치고 숲도 황폐화 시키는 경우가 많다.

몸에 좋다는 풍문에 지리산 고로쇠나무가 수액을 채취 당해 말라 죽어 가고 있으며, 오대산 마가목은 껍질이 벗겨진 채 백골로 변해가고 있다. 독초인 쇠뜨기를 끓여 먹고 설사병으로 고생한 사람도 있고. 독초인 인동을 보약인줄 남용하는 경우가 있다. 강장제로 알려진 삼지구엽초가 효험이 있다는 말이 나돌자 비슷한 모양의 독초인 연잎꿩의다리나 산꿩의다리가 비싼 값에 거래되기도 했다니 인간의 우매함이 도를 넘는다. 지구자라고 불리는 헛개나무가 당뇨병에 좋다고 알려지자마자 전국적으로 잘려 나가 지금은 자생 헛개나무를 보기 힘들게 되었다. 신경통 치료제라는 이름으로 참회나무, 화살나무, 회잎나무 같은 노박덩굴과 식물도 무더기로 수난을 당하고 있다. 인간의 탐욕이 숲을 망친다.

약이 되기 위해서는 수많은 실험과 임상실험을 거쳐야 한다. 겨우살이가 약재로 개발되어 불치병을 치료할 수 있다면 얼마나 다행인가. 그때를 위해서라도 겨우살이는 겨울 숲에 살아 있어야 한다. 무분별한 채취는 당장 중지되어야 한다.

겨울 산, 높은 나무 가지에서 푸르름을 자랑하는 겨우살이가 인간을 살리는 명약으로 되기 위해서도 그들이 기생할 숲이 있어야 한다.

겨울 산, 겨울 숲에서 겨우살이를 만나면 인간의 탐욕과 공존을 생각해 볼 일이다.

숲과 문화

우리나라는 국토의 70%정도가 산으로 이루어진 지형이다.

그러므로 우리 민족은 주변에서 산을 쉽게 접할 수 있고 산림환경에 민감할 수밖에 없다. 산과 숲 자체가 삶의 터전이었던 것이다.

원시시대부터 인류는 숲에서 거주하며 채집생활을 통해 먹이를 구하였고 자연소재의 도구와 옷감을 구하여 생활하였다. 인류는 진화과정을 통하여 자연에서 먹이를 찾으며 이동하는 생활에서 점차 한곳에서 먹이를 구하는 정착 활동을 시작하였다. 야생식물의 씨앗을 채집하여 정착하거나 야생동물을 방목하여 이용하기도 하였다.

나무는 인간생활에서 없어서는 안 될 중요한 것으로서 자신을 위협하는 적을 방어하거나 사냥하는 도구, 경작을 위한 농기구, 집을 짓는데 필요한 뼈대로 이용하기도 하고 혹독한 기후를 견디기 위한 난방과 먹을거리를 요리할 수 있는 땔감으로도 사용하였다. 나무는 생존수단이자 생활도구였다.

이처럼 나무와 숲은 인류의 진화에 큰 영향을 주었으며 인류의 문화발전에도 뿌리가 되었다. 나무와 숲은 우리의 사고체계에 큰 영향을 끼쳤고 일찍부터 상징의 대상으로 형상화되어 신화나 전설, 그리고 문학과 예술 속에도 뿌리 깊이 나타나기도 하였다.

우리 문화에 나타나는 상징 중에 민중과 가장 가까운 것에는 십장생이 있다. 십장생은 영생을 상징한다. 천신, 일월신, 산신 등의 자연물을 숭배하던 조상들은 도교에서 유래된 신선사상을 융합하여 독특한 십장생을 창조한 것이다.

소나무를 비롯한 해, 산, 물, 돌, 구름, 불로초, 거북, 두루미, 사슴 등 오래 사는 10가지가 그림이나 무늬로 형상화 되어 도자기, 나전공예품, 목공예품 등에 많이 표현됐다.

또 전통의상과 자수품, 산수화나 민화는 물론 사찰이나 궁궐의 벽화나 내부 장식에도 숲과 자연 생물을 표현하였다. 비단벌레는 옥충이라고 불리며 그 아름다운 빛깔 때문에 다양한 장식으로 사용하였다. 신라 금관총에서 비단벌레로 장식한 마구가 발견 되었는데 통일신라시대에는 여성의 의복 치마에 비단벌레를 이용한 장식을 붙이기도 하였다.

신라의 고분 천마총의 천마도의 장니는 자작나무 47겹의 수피에 백마가 구름을 헤치고 힘차게 날아가는 모습을 형상화한 것으로 우리의

귀중한 문화유산이다. 장니란 말의 양옆에 달아 말굽에서 튀어 오르는 진흙을 막아주는 승마 도구이다.

천마총 금관의 곡옥은 풍요와 생명력을 상징하는 생명의 나무에 달린 과일을 뜻하며 원형 장식이나 아래 끝이 뾰족한 심장 모양의 잎 장식은 북방의 한랭한 평원지대에서 자라는 자작나무의 잎을 상징하는 것으로 해석되며, 자작나무는 활엽수 중에서도 가장 혹독한 환경에서도 살아가는 나무로 그 강인한 생명력으로 인해 귀하게 평가되는 존재로 보호받았을 것이다.

어느 한 민족이 공유한 상징은 민족정서를 대변하는 문학과 예술에서도 찾을 수 있다.

그 대표적인 예가 건국신화의 '신단수'이다. 신단수는 하늘과 지상을 연결해 주는 자연조화의 상징이고, 이러한 상징은 민족정서의 밑바닥에 수 천 년 동안 자라잡고 있다.

단군신화에 나타나는 단은 박달나무나 제터를 뜻하며, 특정 나무가 신이 내리는 나무로 신격화되어 신이 하늘에서 인간세상으로 내려오는 통로 역할을 한 것이다.

그래서 나무와 숲은 한민족의 정체성을 지켜주는 뿌리 혹은 근원이라고 할 수 있다.

우리 산하에 무성했던 산벚나무, 돌배나무, 자작나무는 팔만대장경의 중요한 재료이다. 이들 나무가 없었다면 해인사 팔만대장경의 판각은 많은 어려움에 봉착했을 것이다. 더불어 옻나무가 없었다면 700여 년 동안이나 썩지 않은 팔만대장경을 지금까지 온전한 상태로 만나기가 쉽지 않았을 것이다.

또 전국에서 자라는 닥나무가 없었다면 천년을 두고도 변치 않는 한지를 생산하지 못했을 것이며 세계에 자랑하는 기록유산인 조선왕조실록의 편찬이나 보존도 불가능했을 것이다. 세계 최초의 금속활자 인쇄술 역시 불가능했을지 모른다. 이처럼 숲과 나무는 문화의 원천이다.

모든 인류는 숲과 친숙하였으며 민족마다 나무를 신성하게 여겨 나무를 소재로 한 수많은 이야기와 설화가 전해진다.

소나무가 우리 민족에게는 대표적이다. 아기를 출산하면 대문에 금줄을 쳐서 외부인의 출입을 막고 정결을 유지하였고 죽을 때도 임금의 관을 비롯한 최고의 관을 소나무로 만들어 소나무와 함께 생을 마감했다.

지금 세계는 많은 정보가 공유되고 상호 연결되어 지구상의 다양한 문화는 하나의 형태로 묶이고 있다. 효율적 기능을 위해 불필요하거나 경쟁력 없는 기능은 점점 사라지고 있다. 기후 변화 등 다양한 외부요인에 견딜 수 있는 체계는 획일화된 기능의 대형 체계보다는 다양한 기능을 가진 소규모 체계일 수 있다.

숲과 우리 전통문화에서 다양한 기능을 찾아내어 현대적으로 재해석하고 가치를 정립하는 일이 중요하다. 우리의 숲과 전통문화에 내재되어 있는 전통생태 체계를 찾는 것도 중요하다.

숲은 우리 민족은 물론 모든 인류의 삶의 원천임에도 불구하고 인간은 제한된 자원인 숲을 파괴하고 무한 이용하고자 하였다.

인류의 역사에서 문명이 발달한 곳에는 항상 숲이 있었으며 숲이 파괴된 곳에서는 문명도 멸망하였다.

인류 문화의 원천인 숲의 파괴는 역사가 증명하듯이 문명과 문화의 파괴이다. 더 이상 늦지 않도록 숲과 문화의 상관관계를 시급히 자각해야 할 때이다.

홍수 피해에서 배우다

2023년 7월, 온 나라가 물 피해로 난리다.

산사태로 인한 피해도 발생하였다. 안타깝게도 재산상의 손실은 물론 너무 많은 인명이 희생되었다. 원인에 대한 철저한 분석을 통해 이러한 희생이 재발되지 않기를 바라면서 숲을 연구하는 입장에서도 여러 생각이 든다.

숲은 큰 비가 왔을 때나 눈이 녹는 증수기(增水期)에 물을 저장하여 넘쳐나는 물의 양을 줄여 주어 홍수를 완화하는 작용을 하고 갈수기에는 물이 마르지 않게 일정한 유량을 유지시켜 주는 수원함양 기능을 한다.

숲에 내리는 비는 일차적으로 가지와 잎에 의해 차단되며 이 빗물은 그대로 증발하거나 일부는 나무줄기를 타고 흘러 내려 토양에 도달한다. 토양 표면층에는 낙엽과 부식물 등이 있어 스펀지처럼 물을 흡수하여 저장한다. 숲의 토양에는 부드러운 공극이 많아서 그 공간으로 물이 저장된다. 또 숲과 숲의 토양은 물의 여과장치로 수질을 깨끗하고 맛있게 하기도 한다.

나무는 살아가는데 수많은 물을 소비하기 때문에 숲에서 유출되는 수량은 일반 토양에 비해 약 20%정도 감소된다. 이처럼 숲의 물을 저장하는 보수능력은 물을 조절하고 수자원의 다양한 이용에 크게 기여하기도 한다.

숲에서 빗물이 침투되는 침투 강도는 토양공극의 차이, 지피상태, 지표경사, 토양 수분, 우량 강도 등에 차이가 있으나 지피상태에 따른 능력은 활엽수 침엽수 등 수림지가 초지의 2배, 붕괴지의 2.5배, 보도의 20배 정도로 차이가 크다.

이러한 숲의 수원함양 기능은 인공댐 그 이상으로 녹색댐이라고 한다.

댐은 홍수조절, 갈수완화, 수질정화 기능을 한다. 댐이 건설되면 용수 공급, 홍수 방지 등의 기능을 하지만 그 반면에 수몰지역이 생겨 토착민의 생활기반이 상실되고 생산 감소, 자연생태계의 파괴 등 부정적인 요인도 적지 않게 발생한다.

그러나 녹색댐인 숲은 인간에게 전혀 무해하면서 다양한 기능을 가지고 있는 것이다.

이러한 기능은 침엽수림보다 활엽수림이 높다. 그 이유는 침엽수림은 낙엽의 분해속도가 활엽수림보다 느려 토양공극의 발달이 나쁘고 바늘처럼 생긴 침엽 낙엽들은 빗물의 충격으로부터 토양의 공극을 잘 보호하지 못하기 때문이다.

우리나라의 경우 연간 산림지역에서 내리는 물의 양은 수자원 총량 1,267억 톤의 약 65%인 823억 톤에 달하고 이 가운데 수목의 잎이나 가지, 지표면에서 증발로 손실되는 양은 수자원 총량의 45%인 567억 톤이며 하천으로 흘려보내는 양은 55%인 700억 톤이다.

건강한 숲은 민둥산에 비해 3.4배나 많은 물을 토양 내에 저장한다. 이렇게 저장된 물은 숲에 의해 연중 적절히 방출되는데 건강한 숲일수록 그 조절량은 더 크다.

현재 우리나라의 숲은 대부분 경사가 급하고 여름철의 집중호우로 인하여 토사 유출이 심하다.

토사 유출은 토층을 얇게 만들며 양분을 함유하고 있는 미세한 토양을 흘러내려 토지의 생산력을 떨어뜨리고 재해를 발생시킨다.

숲에 나무가 부족하면 내리는 빗물을 많이 저장할 수 없으므로 큰 물 흐름이 발생할 수 있다. 그러나 나무가 우거져 있으면 저수능력이 강해지고 나무뿌리가 그물 모양으로 땅속에 퍼져 있어 흙과 물을 밀착시킨다. 그러므로 큰물이 급히 흘러내리는 것을 막을 수 있다.

우리나라 연간 ha당 토사 유출량은 활엽수림지에서 0.7톤, 침엽수림지에서는 1.0톤, 사방지에서는 2.2톤으로 조사되었는데 나무가 없는 황폐지에서는 ha당 연간 토사 유출량이 무려 118톤으로 양호한 산림에 비해 무려 약 130배에 이른다.

숲의 기능 중 수원함양 기능과 더불어 토사유출 방지 기능은 이처럼 엄청나다.

토사유출 방지 기능과 함께 토사 붕괴 방지 기능도 매우 중요하다.

2023년 여름 폭우로 발생한 산사태는 물론, 2011년 7월 발생한 서울 방배동 우면산 산사태의 피해를 상기해 보자.

토사 붕괴는 대형 재해로 발전할 가능성이 높고 인명피해를 유발하므로 울창한 숲의 필요성은 아무리 강조해도 지나치지 않다.

나무가 많은 숲은 나무뿌리가 숲을 고정하는 역할을 하므로 토사 붕괴를 방지한다. 조사에 의하면 우리나라의 산사태 발생 면적은 나무가 없는 산림이 나무가 있는 산림에 비해 약 1.6배 높았으며 토사 붕괴량도 나무가 있는 산림에 비해 1.8배 높았다.

홍수의 피해 원인 중 지구온난화에 따른 기후 변화가 언급되고 있다.

지구온난화란 태양으로부터 온 열에너지가 온실가스에 막혀 지구 밖으로 나가지 못하고 지구가 더워지는 현상을 말한다. 지구의 온도 상승으로 인해 빙하와 만년설이 녹아내리고 있다. 북극 빙하는 1980년 이후 10년마다 11%씩 계속 줄어들고 있다.

지구의 평균 기온은 지난 100년간 약 0.74°C 상승했다고 한다.

지구온난화는 인간의 활동에 의해 배출되는 이산화탄소와 메탄이 가장 큰 원인이며 이중 이산화탄소의 증가는 벌목과 화석연료의 과다 사

용의 결과이다.

이러한 지구온난화는 올 여름 폭우처럼 극단적인 이상기후를 야기한다.

1ha의 숲은 연평균 5.5톤의 이산화탄소를 고정하는 효과가 있다. 열대우림 1ha의 식물은 매년 10톤의 이산화탄소를 고정할 수 있다. 이러한 숲의 이산화탄소 고정능력은 지구온난화 억제에 큰 도움이 된다.

식물은 탄소동화작용을 통해 공기 중의 이산화탄소를 흡수하며 생장한다. 대부분의 이산화탄소를 흡수한 것은 나무이며 이 나무들이 모여 숲을 이룬다. 따라서 숲이 점점 많아지면 공기 중의 이산화탄소는 점점 줄어들 수 있다.

연구에 의하면 나무의 무게가 0.5kg 증가하는 동안 수목은 약 0.75kg의 이산화탄소를 흡수하고 0.6kg의 산소를 방출한다고 한다.

나무가 항상 산소를 방출하는 것이 아니고 흡수와 방출을 같이 하므로 노령화되거나 과밀한 수목과 임지에서는 나무의 성장이 느리고 따라서 산소를 흡수하는 양이 방출하는 양보다 많아 오히려 부정적인 영향을 주기도 한다. 그러므로 산소 공급과 대기 정화라는 측면도 고려한다면 산림면적을 확대하는 것과 함께 탄소 흡착력이 높은 속성수의 확대 조림이 필요하며 불량한 숲의 수종갱신 작업도 필요하다.

이산화탄소 흡수량이 높은 나무는 신갈나무, 상수리나무이며 소나무류에서는 리기다소나무와 잣나무이다.

숲이 지닌 지구온난화 방지 기능을 적극 활용하기 위해 숲의 다른 용도로의 전용을 방지하고 훼손지 조림, 농사를 짓지 않는 농경지 조림 등과 같은 대책을 마련하여 숲의 면적을 늘려가면서 숲의 순 생산량을 계속 증대해 나가야 한다.

자연은 지금 인간에게 끊임없이 위험신호를 보내고 있다.

기상이변에 따라 빈번히 발생하는 수많은 재산상, 인명 피해로부터 교훈을 얻어야 한다. 어느 때보다 숲의 중요성이 강조되는 시기이다.

팔만대장경과 숲

한국불교의 자랑이자 세계 문화유산인 팔만대장경은 수많은 사람들의 노력의 결과이다. 나라를 지키고자 하는 서원이 모여 법보를 보전, 탄생시켰다. 부처님 말씀을 온전히 보존할 수 있었던 그러한 기적은 수많은 공덕이 쌓인 결과이다. 여기엔 사람들의 공덕만이 아닌 자연의 공덕이 있음을 알아야 한다.

우리 민족은 산이 많고 나무가 울창한 자연환경과 더불어 수천 년을 살아왔고 산과 숲 자체가 삶의 터전이었다. 그런 까닭에 숲과 나무는 우리의 사고체계에 큰 영향을 끼쳤고 일찍부터 상징의 대상으로 형상화되어 신화나 전설, 또는 문학과 예술 속에 뿌리 깊이 나타나고 있다.

우리 산하에 무성했던 산벚나무나 돌배나무, 자작나무가 없었다면 세계문화유산인 팔만대장경의 판각은 불가능했을지 모른다. 이 땅에

옻나무가 없었다면 오랜 세월 팔만대장경을 썩히지 않고 온전하게 보존하기란 쉽지 않았을 것이다. 이처럼 팔만대장경은 숲과 나무와 함께 살아 온 결과임을 알아야 한다.

방방곡곡에서 자라던 닥나무가 없었다면 천년을 두고도 변치 않는 한지를 생산하지 못했을 것이며 세계에 자랑하는 기록문화유산인 조선왕조실록 편찬이나 세계 최초의 금속활자 인쇄술 역시 불가능했을지 모른다.

원시시대에 인류는 숲에서 거주하며 채집생활을 통해 먹이를 구하였고 자연소재의 도구와 옷감을 구해 생활하였다. 인류는 진화과정을 통하여 자연에서 먹이를 찾으며 이동하는 생활에서 점차 한 곳에서 먹이를 구하는 정착생활을 하기 시작하였다. 야생식물의 씨앗을 채집하여 경작하거나 야생동물을 방목하여 동물성 먹이를 이용하기도 하였다. 나무는 인간생활에 없어서는 안 되는 중요한 것으로 자신을 위협하는 적을 방어하거나 사냥하는 도구, 경작을 위하는 농기구, 집을 짓는데 필요한 뼈대로 이용하기도 하고 혹독한 기후를 견디는 난방과 먹을거리를 요리하는 땔감으로도 사용되었다. 나무는 생존수단이자 생활도구였다. 숲은 인류의 진화에 큰 영향을 주었으며 인류 문화 발전의 버팀목이 되었다.

숲은 원천임에도 불구하고 인간은 제한된 자원인 숲에서 무한한 것을 얻기 위해 숲을 파괴하고 이용하였으며 인구의 증가는 이를 가속화하였다.

인류의 역사에서 문명이 발달한 곳에는 숲이 있었으며 숲이 파괴된 곳에서는 문명이 멸망하였다. 고대문명의 발생지인 메소포타미아의 바빌론제국과 고대이집트는 지중해 연안의 온난한 기후지역에 풍부하게 발달한 숲을 이용하여 찬란한 문화를 만들어 냈다.

문명의 발달은 많은 나무를 요구하였으며 숲의 파괴로 인한 다양한 공익기능의 감소는 결국 인간의 생활환경을 파괴하였다. 숲의 계속적인 파괴는 국력을 약하게 만들어 현재 그 시대의 유물만이 그 당시 문명의 존재를 말해 주고 있다.

산업혁명 이후 인구는 폭발적으로 증가하였고 인간생활에 필요한 연료 및 종이 등을 비롯하여 나무를 이용한 가공품 등의 수요 증가로 점점 많은 나무가 잘려 나갔다. 이로 인하여 숲의 면적은 점점 줄어들고 최근 기후 변화와 환경오염은 지구 생태계를 위협하고 있는데 그 징후가 곳곳에서 나타나고 있다.

숲은 인간에게 친숙한 환경이며 아직도 깨끗한 공기와 맑은 물을 공급하며 목재, 종이, 버섯, 신물질 등을 제공한다. 모든 인류는 숲과 친숙하였으며 민족마다 나무를 신성하게 여겨 나무를 소재로 한 수많은 이야기와 설화가 전해진다.

해마다 숲을 찾는 사람들이 늘어나고 있다. 많은 사람들이 숲을 찾는 이유는 무엇일까?

숲은 회색빛 도시생활에 찌든 우리의 심성을 맑게 해 주고, 심리적 안정을 가져다준다. 숲은 생명의 보고이며 문화의 산실이다. 숲의 존재는 인간의 생명 유지 가능성을 의미할 뿐만 아니라 모든 문명의 시발점이 되어 왔다. 이는 숲이 단순히 물질적 자원 공급원 역할만이 아니라 인간에게 정신적, 정서적 안정을 줌으로써 인간의 정신적 사색과 문화, 예술적 상상력을 고취하며 자연 관찰과 같은 자연과의 접촉을 통해 과학적 사고를 키울 수 있게 해 준다는 것을 의미한다. 숲은 질병의 치유, 정서 순화 장소, 자아실현의 욕구를 충족해 주는 장소라고 할 수 있는 것이다.

현대인이 살아가는데 숲을 비롯한 녹지공간은 다양한 역할을 하는 것으로 알려져 있다. 대도시의 녹지비율이 30% 이하로 떨어지면 사람은 불안감을 느끼고 심리적인 변화를 겪는다는 조사결과가 있다. 따라서 숲이라는 녹지공간은 시멘트벽으로 단절된 도시의 삭막한 정신을 치유해 주는 약으로 볼 수 있다.

이를 증명이라도 하듯 아파트 분양광고에도 숲과 주거지를 연계하여 첨단 주거지로 홍보하는 광고 전단은 이미 낯설지 않다. '숲', '꿈', '그린' 등 아파트 이름도 이제 숲과 자연을 닮아가려고 애를 쓴다.

대규모 뉴타운이 조성되는 지역에 아직 잔존하는 숲이 있을 수 있는데 지역 주민과 연계된 마을 숲일 경우 보전하거나 주거단지의 쉼터로 활용할 수 있다. 그곳을 철저히 보존하거나 그곳을 중심으로 녹지를 확

충하여 거점녹지로 조성하는 것이 바람직하다. 가로수와 하천 숲의 연결뿐만 아니라 녹지의 거점을 중간 중간에 두어 징검다리식으로 연결성을 높인 녹지네트워크가 필요하다. 도시에서 바람 길과 물길을 살리면 회색빛 아파트에 시원한 바람을 안겨 줄 수 있다. 500년 전의 마을 숲을 이제는 아파트 녹지 공간, 아파트 숲으로 만들어야 한다.

과거 마을 숲에는 느티나무, 팽나무, 소나무, 상수리나무가 주로 나타난다. 옛 마을에서는 탱자나무, 시무나무, 주엽나무를 심이 울타리를 만들기도 하였다. 울도 담도 쌓지 않고 탱자나무와 시무나무로 만든 집과 마을 숲이 있었다.

지금 학교, 관공서, 아파트 담을 허무는 것이 유행이 되고 있다. 이렇게 담이 없어진 자리에 생울타리를 만들어 보자. 탱자나무 울이라도 만들고 아파트 녹지광장에서 각 동으로 이어지는 고샅길을 만들어 보자. 새와 벌이 날도록 쥐똥나무, 광나무, 작살나무를 신고 느티나무, 팽나무, 상수리나무도 심어 보자. 아파트 쉼터의 등나무와 느티나무 밑에서 두런두런 이야기를 나누며 예부터 우리의 내면에 흐르는 공동체 정신은 도시의 뉴타운에 새로운 문화를 선물해 줄 것이다.

숲은 건강에 도움이 되며 질병 치유에도 도움이 된다.

숲이 질병을 치유하는데 기여한다는 것은 1900년대 초 미국 뉴욕의 한 병원에서 숲속에서 환자를 치료했을 때 치료율이 높아졌다는 보고에서 비롯되었다. 일본 환경청의 보고에 따르면 학교 주변의 녹지가 감소할수록 교내 폭력 발생률이 늘어났다. 이는 녹색이 자라나는 아이들의 정서 안정이나 도덕심성에 큰 영향을 미친다는 것을 보여 주는 실례라고 할 수 있다.

숲은 자아실현의 욕구를 충족해 주는 장소이다.

숲 체험을 자주하는 사람은 자신을 돌아보는 시간과 성취를 위해 생각하는 시간이 길어져 자아실현의 욕구가 생성된다고 알려져 있다.

이제 더 늦기 전에 인간에게 다양한 편익을 제공하는 숲을 우리주변에서 가까이 하자. 팔만대장경의 기적엔 숲과 나무도 있었다.

지혜의 나무

나무의 일생

느림의 철학자

연리목

나무의 비움

번식 전략

단풍의 미학

폭풍우를 견디는 방법

낙엽단상

나무의 일생

우리가 매일 먹는 음식의 대부분은 식물에게서 얻는다. 식물에게 감사한 일이다. 그러나 음식 못지않게 중요한 호흡에 필요한 공기도 식물이 제공한다는 사실은 간과하곤 한다. 식물이 없다면 이 지구에 산소가 있을 수 없으며 산소가 없다면 우리 인간은 생존할 수 없다.

태초의 지구, 산맥이 융기되지 않았고 그저 황량하고 평평하기만 했던 당시 지구의 모습을 상상해 보자. 지구는 군데군데 얕은 바다만 있을 뿐, 거대하고 단조로운 풍경만이 펼쳐지는 삭막한 곳이었다. 생명체라고 부르는 것들은 생겨날 수 없을 정도로 지구의 환경은 가혹했다. 모든 에너지의 근원인 태양은 불덩어리처럼 타올랐으나 이 강력한 햇빛을 막아줄 보호막이 형성되어 있지 않았으므로 생명 아닌 불모를 초래했다.

이런 상태는 15억 년, 태양계의 구성원으로 지구가 형성되어 오늘에 이르기까지 3분의 1이 넘는 기간 동안 계속되었다가 어느 시점에선가 생명이라고 하는 불가사의한 현상이 지구에 생겨났다. 무생명에서 생명으로의 이행은 분자에서 세포로의 이행이라고 정의할 수 있다.

지구를 둘러싼 이산화탄소의 양이 충분해지자 일부 세포에 내재되어 있던 엽록소가 자신의 고유한 역할을 수행하기 시작했다. 태양열을 직접 저장해두었다가 이를 활용하여 산소를 배출해내는 탄소동화작용이 시작된 것이다.

광합성 작용 덕분에 창조의 모든 기적이 비로소 이루어질 수 있었다. 광합성 작용으로 말미암아 무기물을 유기물로, 무생물을 생물로 생명체로 바꾸는 일이 가능하다. 엽록소는 모든 생명체의 근원이었다.

수억 년 동안 진행된 진화의 정점에는 나무가 있다. 꽃을 피우고 열매를 맺는 나무는 모든 진화의 종착지인 인간에 비견될 만하다.

초기에는 나무 역시 다른 모든 식물들과 유사한 과정을 거쳐 성장한다. 하지만 점차 다른 식물들과 달리 긴 수명과 곧게 뻗어 올라가는 수직성, 큰 키와 부피감을 갖게 된다. 이는 다른 식물이 지닌 구조 위에 이를 보충하는 나무만의 독특한 구조다. 이 독특한 구조는 2차적이라고 할 수 있는데 이는 부름켜라고 하는 성장대 속에서 발생한다. 부름켜는 1차적인 녹색 식물 주위에 원을 해마다 하나씩 생성하여 해를 거듭할수록 그 부피가 커지도록 기능한다. 그 덕분에 나무는 스스로 자급자족할 수 있으며 완벽한 조직으로 발전해 나간다. 일생 동안 계속 키가 자라고

지름이 점차 두꺼워진다.

그렇다면 나무의 생장점은 어디일까. 나무의 골조는 나무의 중심부에 있는 것이 아니라 주변부에 있다. 나무의 딱딱함은 죽어서 뻣뻣해지고 굳어버린 조직에 의해 유지된다. 흔히 나무의 심장이라고 잘못 알고 있는 부분이 이 죽은 조직이다. 나무는 둥지가 갈라지고 속이 비워지더라도 죽지 않고 생명을 유지하는데 이는 나무의 순환기능이 나무껍질 바로 안쪽 주변부에 있기 때문이다.

이러한 사실은 나무 조각을 작게 떼어내서 끈적끈적하게 진이 나오는 얇은 녹색 막을 살펴보면 알 수 있다. 광합성 작용을 통해 잎사귀에서 만들어진 생명의 수액이 구멍 뚫린 관을 타고 뿌리까지 전달되는 곳이다. 그러므로 이렇게 살아 숨 쉬는 부분이 상하면 잎만 영향을 받는 것이 아니라 뿌리도 영양분을 얻지 못해 성장능력을 상실한다.

상승 수액은 관다발을 통해 나무의 가장 바깥쪽에 위치한 층, 거의 백색에 가까운 밝은 빛의 어린 나무 부분을 통과한다. 그 밝은 빛깔 때문에 이 어린 나무 부분을 백목질이라고도 부른다. 반면 나무의 중심부에 해당하는 늙은 나무는 이제 생명력을 거의 상실한 채 타닌과 수지 성분의 침착으로 인해 짙은 빛깔을 띠게 되어 적목질이라고 부른다. 원료 그대로의 수액은 뿌리 끝에 무수히 돋아난 잔털들이 땅 속 깊은 곳에서 빨아들인 무기염을 포함한 물인데 이 수액은 잎의 호흡작용으로 말미암아 생겨나는 공백을 메우기 위해 위쪽으로 빨아올려진다.

이처럼 나무의 순환작용은 껍질에 의해 보호되는데 이때 껍질의 바깥쪽부터 안쪽 방향으로 표피, 코르크, 코르크피층의 세 부분이 존재한다. 표피는 큐틴 막에 의해 보호되며 코르크는 죽은 조직이라 수분을 통과시키지는 않지만 껍질눈이라고 하는 미세한 상처를 통해 호흡 작용을 가능하게 한다. 마지막으로 코르크피층은 살아 있는 조직으로 부름켜에서 직접 형성된다. 껍질에는 독자적인 생장지대가 존재하기 때문이다. 이 생장점은 줄기가 순환적으로 발달함에 따라 점차 안쪽으로 이동하며 이때 껍질은 계속 두꺼워진다.

껍질을 구성하는 전체 조직은 내부의 강한 압력을 받는데 이로 인해 정도의 차이는 있으나 나이가 들수록 점차 금이 가거나 홈이 파이게 된다. 이는 인피와 나무 조직으로 이루어진 중심주가 성장함으로서 나타나는 결과이다. 인피와 나무 조직은 내부에 위치한 2차 부름켜에 의해 생성되며, 2차 부름켜는 나무의 거의 모든 조직을 만들어내기 때문에 매우 활동적이다. 그러므로 나무줄기가 곧게 성장하는 것은 끊임없이 새로운 세포를 생산하는 생장점에서 만들어져 서로 맞물려 있는 두 개의 중심주에 기인한다.

나무는 외부세계와도 끊임없이 교류한다. 외부에서 양분을 취하고 섭취하고 남은 양분을 또다시 외부로 배출한다. 이는 줄기의 껍질눈이 지닌 두 가지 중요한 기능이기도 하지만 오히려 잎의 안쪽 표면에 위치한 아주 작은 숨구멍의 역할이다.

태양이 정점으로 솟아오르고 봄기운이 만연하면 나무들도 오랜 겨울잠에서 깨어난다. 도처에서 겨울 동안 잔뜩 눌려왔던 새싹들이 움트고 잎이 피어나면서 새롭게 빛나는 햇빛을 흠뻑 빨아들인다. 땅 속에서는 수분들이 바쁘게 돌아다니기 시작하며 따뜻한 기운과 영양 많은 수분이 감돌기 시작하는 토양 속에서 뿌리털들은 열심히 펌프질을 한다. 머지않아 현자처럼 보이는 나무들도 호사스러운 향연에 매혹당한 것처럼

뿌리칠 수 없는 재생의 욕망에 꿈틀대기 시작한다. 그래서 다채로운 색깔로 몸을 치장하고 가능한 멀리까지 꽃가루와 꽃꿀의 향기를 뿜어내 수천 마리 곤충들을 자기 주위로 끌어 들인다.

한껏 물이 오른 나무의 절정기인 개화의 시기는 매우 짧다. 극심한 무더위와 가뭄의 여름과 함께 이제 쇠락의 징조를 보인다. 나뭇잎의 녹색은 초기에는 맑고 투명하다가 점점 짙어진 다음 불투명한 색조로 변한다. 마침내 점차 빛이 바랜다. 추운 가을 밤 동안에는 나무 내부에선 교류가 드물어지고 만들어진 당분은 폴산에 축적되어 점차 붉은 색소를 만들어간다. 엽록소는 점차 해체되어 노란빛을 띠게 된다. 단풍은 낙엽을 예고한다.

낙엽은 떨어지기 전에 가지에 붙어 있던 자리에 물이 침투하지 못하도록 코르크질의 막을 형성한다. 그러므로 잎이 떨어짐으로써 생겨나는 상처는 아물고 그 위로 이듬해 봄에 피어나게 될 싹이 돋아날 것이다. 다음 해 다시 순환하는 나무의 삶이다.

나무는 그 자신만으로도 하나의 세계를 구성한다. 일생동안 한 자리를 지키며 주변의 에너지를 바탕으로 영양분을 합성하여 자기 스스로 성장한다. 동물처럼 타 생명체에서 먹이를 구하지 않는 자급자족의 삶이다.

나무의 성장은 주변에 해를 끼치지 않고 오히려 도움을 주는 공생의 실천이다. 수많은 동물들에게 안식처를 제공하며 생산된 양분을 기꺼이 제공한다.

타자를 억압하고 그 위에 존재하는 것이 아니라 아낌없이 주는 나무의 일생을 되새겨 볼 일이다.

느림의 철학자

세상은 온통 '더 빨리'를 외친다. 더 빠르게 연결되고, 더 빠르게 성취하며, 더 빠르게 소모되는 것이 효율이라는 이름으로 미화된다. 하지만 이러한 질주의 끝에서 우리가 마주하는 것은 대개 공허함이다. 정점을 향해 치닫는 속도는 우리에게 주변을 돌아볼 여유를 앗아갔고, 무엇보다 '나 자신'으로 존재하는 법을 잊게 했다.

이 소란스러운 문명의 소음에서 잠시 벗어나 숲의 심장부로 걸어 들어가 보자. 그곳에는 인간의 시간관념으로는 도저히 가늠할 수 없는 침묵의 거인들이 서 있다. 수백 년, 혹은 수천 년을 한자리에 서서 하늘을 받치고 있는 장수목(長壽木)들이다. 그들에게 다가가 물어본다. "어떻게 그토록 오랜 시간, 흔들림 없이 존엄을 유지할 수 있었습니까?" 나무는 대답 대신, 제 몸에 새겨진 촘촘한 나이테로 답한다. 그들의 장수 비결은 역설적이게도 '느림'과 '비경쟁'이었다.

식물학적으로 볼 때, 빨리 자라는 나무인 '속성수'는 대개 수명이 짧다. 포플러나 아까시나무처럼 한 세대 안에 거대한 몸집을 불리는 나무들은 세포의 크기가 크고 조직 사이의 밀도가 낮다. 그들은 남보다 먼저 햇빛을 차지하기 위해 수직 성장에 집중한다. 그러나 성급한 성장은 기초가 부실한 법이다. 작은 병충해에도 쉽게 무너지고, 강풍이 불면 맥없이 꺾여버린다.

철학적으로 볼 때, 이는 '존재의 밀도'에 관한 문제다. 마틴 하이데거는 존재를 '시간' 속에서 파악했다. 속성수는 시간을 '통과'할 뿐, 시간을 '축적'하진 못한다. 반면 장수하는 나무들은 시간을 자기 몸 안으로 꾹꾹 눌러 담는다. 그들에게 시간은 단순히 흘러가는 물리적 양이 아니라 질적인 무게로 치환된다.

현재 세계에서 가장 나이가 많은 나무인 미국 화이트마운틴의 '브리슬콘 소나무'를 보자. 무려 5,000년 가까이 살고 있는 이 나무의 서식지는 비옥한 토양도, 따뜻한 햇빛이 내리쬐는 평원도 아니다. 해발 3,000미터가 넘는 척박한 고산 지대, 산소조차 부족하고 칼바람이 몰아치는 돌밭이다. 이곳에서 브리슬콘 소나무는 1년에 고작 0.1밀리미터 정도만의 두께를 늘린다. 너무 느려 성장이 멈춘 것처럼 보일 정도다. 하지만 이 지독한 느림 덕분에 나무의 밀도는 바위처럼 단단해진다. 워낙 조직이 치밀해 해충이 파고들 틈조차 없고, 곰팡이조차 그 단단함에 혀를

내두르고 돌아선다.

브리슬콘 소나무의 철학은 '결핍의 수용'이다. 풍요로운 곳에서 남과 경쟁하며 속도를 내는 대신, 가장 척박한 곳에서 오직 자신만의 속도로 내면의 단단함을 완성했다. 이것은 스피노자가 말한 '코나투스(Conatus)', 즉 자기 존재를 보존하려는 본능적 의지의 극치다. 남보다 앞서기 위한 욕망이 아니라, 자기 본질을 지키기 위한 인내의 시간이다.

숲의 현자들은 결코 경쟁하지 않는다.

숲을 가만히 관찰하면 '수관 기피(Crown Shyness)'라는 경이로운 현상

을 볼 수 있다. 나무들이 하늘에서 서로의 가지가 닿지 않도록 일정 거리를 두고 자라는 현상이다. 그들은 옆 나무를 이기기 위해 가지를 뻗어 햇빛을 가로막지 않는다. 대신 서로의 영역을 존중하며, 비어 있는 공간을 향해 자신의 가지를 뻗는다. 지혜로운 균형과 절제의 공존 방식이다.

인간 사회의 불행은 대개 '비교'에서 온다. 옆 사람이 나보다 앞서가면 나의 속도는 곧 무능함이 된다. 그러나 나무의 시간에서 느림은 무능이 아니라 '신중함'이다. 은행나무는 수십 년이 지나야 비로소 열매를 맺는다. 주목은 천 년을 살기 위해 백 년 동안은 눈에 띄지도 않을 만큼 작게 머문다. 그들은 옆 나무가 꽃을 피운다고 해서 결코 조급해하지 않는다. 내 안의 생명력이 차올라 밖으로 터져 나올 그 '결정적 순간(Kairos)'을 묵묵히 기다릴 뿐이다.

나무의 나이테는 겨울의 산물이다.

따뜻한 봄과 여름에 자란 부분은 색이 연하고 무르지만, 혹독한 추위를 견디며 자란 부분은 색이 짙고 단단하다. 장수하는 나무일수록 이 짙은 선들이 촘촘하게 박혀 있다. 느림이란 결국 고통을 온전히 통과해내는 시간이다.

우리의 삶에서도 '느린 시간'은 대개 시련의 시기와 겹친다. 일이 풀리지 않고, 성취는 멀어 보이며, 세상으로부터 잊힌 것 같은 시기다. 하지만 철학자 니체가 말했듯, 나를 죽이지 못한 고통은 나를 더 강하게 만든다. 그 정체된 것 같은 시간 동안 우리 영혼의 나이테를 가장 조밀하게 형성시켜야 한다. 빨리 달려가는 사람은 결코 가질 수 없는, 삶의 깊이와 통찰이 그 '느린 구간'에서 잉태되는 것이다.

이제 수천 년을 살아온 숲의 노철학자에게 우리는 배워야 한다.

첫째, '내면의 밀도'에 집중하라. 겉모습을 부풀리는 성장은 한 번의 태풍에도 무너지지만, 안으로 다져진 단단함은 세월을 이긴다. 당신이 지금 더디다고 느껴진다면, 그것은 당신이 무르고 성긴 나무가 아니라 단단하고 귀한 나무로 빚어지고 있다는 증거다.

둘째, '비교의 속도계'를 버려라. 숲에는 1등 나무도 꼴찌 나무도 없다. 오직 제 속도로 자라는 나무들만 있을 뿐이다. 타인의 성취를 기준 삼아 자신을 채찍질하는 행위는 스스로를 수명이 짧은 속성수로 만드는 길이다.

셋째, '기다림'의 가치를 복원하라. 뿌리를 깊게 내리지 않은 채 꽃부터 피우려 하지 마라. 보이지 않는 곳에서 내실을 다지는 시간은 결코 헛된 시간이 아니다. 그것은 다가올 천 년을 버티기 위한 필연적인 축적의 시간이다.

넷째, '고독'을 즐겨라. 장수하는 나무들은 대개 고산 지대의 고독한 환경에서 홀로 자란다. 군중 속에서 남을 의식하며 자란 나무는 목재로서의 가치도 떨어진다. 홀로 서서 비바람을 맞으며 스스로의 중심을 잡는 법을 배울 때, 비로소 존재는 위대해진다.

현대 문명에서 시간은 '직선'이며 '화살'이지만, 나무에게 시간은 '순환'이며 '축적'이다.

느림은 게으름이 아니다. 그것은 본질을 훼손하지 않으려는 고집스

러운 성실함이다. 자기를 잃어버릴 정도로 빨리 달려서 목적지에 도착한들, 그곳에 서 있는 '나'는 이미 빈껍데기일지도 모른다. 차라리 조금 늦더라도, 제 속도를 지키며 한 걸음 한 걸음 단단한 무늬를 새기며 걷는 이가 결국 가장 멀리 간다.

오늘도 숲은 말이 없다. 그저 묵묵히, 아주 느리게 대기를 정화하고 하늘을 향해 가지를 뻗을 뿐이다. 경쟁하지 않고도 숲을 이루고, 서두르지 않고도 수천 년의 세월을 이겨낸 그들의 지혜 앞에 고개가 숙여진다. 우리들의 삶이 지금 너무 느리게 느껴진다면, 지금 세상에서 가장 단단하고 아름다운 나이테를 새기고 있는 중이라는 것을 깨닫자.

성장이 더디다고 느껴질 때, 세상의 속도에 숨이 찰 때, 숲으로 들어가 고목의 줄기를 가만히 짚어보자. 수천 년의 침묵 속에서 나무가 속삭일 것이다. 삶은 속도전이 아니라 자신만의 결을 만들어가는 과정이라고. 느림은 결코 뒤처짐이 아니라 비바람에도 흔들리지 않을 거대한 침묵의 성을 쌓는 시간이라는 것을 말이다.

결국 마지막까지 숲을 지키는 것은 화려한 속성수가 아니다. 느리지만 멈추지 않고 자기만의 생을 밀고 나간 고독하고 단단한 나무들이다. 우리도 그렇게, 조금은 느리더라도 저마다의 향기와 결을 지닌 고유한 나무로 자라나기를 소망한다.

연리목連理木

세상에는 손을 잡지 못하는 존재들이 있다. 말이 없어 마음을 설명하지 못하고, 발걸음도 없어서 함께 걷지 못하는 존재들. 그중 하나가 나무다. 그러나 그 나무들이 서로 아무 말 없이도 오랜 세월을 건너 서로의 생을 나누는 장면이 있다. 사람들은 그것을 연리목(連理木)이라 부른다. 가지가 이어지면 연리지(連理枝), 뿌리까지 엮이면 연리근(連理根)이라 이름 붙였다.

각각의 삶을 지니고 서 있던 나무가 어느 순간 서로를 향해 기울더니, 마침내 한 줄기처럼 이어져 버린 모습. 서로 닿기 위해 조심스럽게 자라다가 끝내 한 생명처럼 이어진 존재들. 우리는 이런 나무 앞에 서면 많은 생각을 하게 된다. 사람 사이에서 이루길 바라는 온기와 신뢰가 이미 그들에게는 조용한 기적처럼 자리하고 있기 때문이다.

연리목은 나무가 오랜 세월 서로 기대고 맞부딪히며 조직이 붙고 마

침내 한쪽에서 다른 쪽으로 수분과 영양이 흐르기 시작할 때 비로소 완성된다. 눈에 보이지 않던 미세한 상처와 상처가 지나치게 가까워진 나머지 이어져 버린 결과이다.

사람의 인연은 언젠가 흔들리기도 하고 무너지기도 하는 것과 달리, 연리지는 흔들림에 더 단단해진다는 점에서 신비롭다. 바람이 불어도 비가 와도 두 나무는 끝내 한쪽이 다른 쪽을 버리려 하지 않는다. 그저 서로의 무게를 나누어 견디고, 뿌리를 땅속 깊은 곳까지 나란히 내릴 뿐이다.

예부터 중국에서는 연리지의 모습을 가리켜 '연리지교(連理之交)', 즉 더할 수 없는 절친한 우정을 뜻하는 말로 썼고, 『춘추좌씨전(春秋左氏傳)』에는 "두 마음이 하나이면 가지도 서로 이어진다."는 기록이 전한다. 선비들은 자연의 이런 위로에서 인간관계의 이상향을 발견했는지도 모른다.

옛사람들은 나무에 마음을 빗대곤 했다. 『시경』에서 "연리지는 가지가 하나가 되는 사랑"이라 했고, 백거이는 「장한가」에서 "살아서는 연리지가 되고, 죽어서는 비익조가 되리라."고 노래했다.

이 말들은 단순한 비유가 아니다. 인간은 오래전부터 언어로 표현되지 않는 결합의 순간을 자연 속에 찾아왔다. 사랑은 손에 잡히지 않기에 옛사람들은 나무의 손길을 빌렸다.

무수히 많은 서원과 기도가 연리목 앞에서 이루어졌고, 나무는 그 고요한 마음들의 증인이 되었다. 나무가 조용한 이유는 아마 인간의 이야기를 너무 많이 들어서인지도 모른다.

우리는 간혹 숲에서 연리목과 연리지, 연리근을 마주한다.

경주 남산의 연리지 소나무는 두 줄기가 어깨를 포개며 수십 년을 버텨 왔다. 신라의 역사가 바람에 스러져 가는 동안에도 두 나무만은 서로를 놓지 않았다.

제주 사려니숲의 연리목은 바람 많고 비 많은 날들을 함께 견디며 마치 깊은 숲길을 손잡고 걸어가는 두 사람의 뒷모습처럼 보인다.

대관령의 연리지 자작나무는 눈보라 속에서도 서로의 흰 몸을 기대며 살아간다. 멀리서 보면 한 줄기 같지만 가까이 다가가면 서로 다른 두 삶이 만나 이루어낸 고요한 곡선이 보인다.

많은 산과 숲을 다니며 수많은 연리목을 봤지만 나에게 특히 인상적인 경험은 해남 대흥사를 찾았을 때였다. 고즈넉한 산문을 지나 숲길을

걷다 들어선 산사의 마당에서 바라 본 두륜산 능선은 부처님이 누운 모습을 닮아 신비롭게 느껴 그 감응이 채 가시기도 전에 대웅전 근처에 자리한 연리목을 만나게 된다. 500년 된 두 그루의 느티나무가 서로의 굴곡을 부드럽게 받아들이며 이어진 연리목이며, 심지어 땅속에서 뿌리가 서로 얽혀 하나의 생처럼 뻗어 있는 연리근이다. 뿌리는 세상의 눈에 보이지 않는 곳에서 이어져 있으니 그 모습이 경이롭게 느껴진다. 인연도 그렇지 않은가. 겉으로 드러나지 않는 마음이 서로의 근원에서 이어질 때 비로소 흔들리지 않는 관계가 된다.

나무들은 서로에게 닿기 위해 일부러 어느 방향으로 자라고, 바람의 방향을 묻지도 않은 채, 비바람을 함께 견딘 끝에 뿌리조차 서로를 향해 자란다. 얼마나 오랜 시간이 필요했을까. 나무의 생애가 인간보다 훨씬 길다는 점을 생각하면 그 이어짐은 하루 이틀의 감정이나 우연일 리 없다.

말로 확인할 수 없고, 눈에 보이지 않는 곳에서조차 연결되어 있을 때, 비로소 흔들림 없이 이어지는 인연. 대흥사의 연리근은 그 침묵의 가르침을 그대로 품고 있다.

대흥사의 연리근 앞에 서 있으면 세상의 요란함이 가라앉는다. 뿌리의 기척이 바람을 타고 전해지는 듯 두 나무가 주고받았을 세월의 속삭임이 조용히 울려온다.

연리목은 오래전부터 문학 속에서 애틋한 관계의 은유로 등장한다.

죽어서도 서로를 떠나지 못해 나무로 환생해 한 줄기로 이어졌다는 전설로 남아 있다.

당대의 시인들은 사랑과 우정을 연리지로 노래했고, 그 형상을 빌려 마음을 적었다.

자연이 우리 인간에게 보여주는 방식은 때로는 단순하지만 깊다.

바람을 견디기 위해 서로에게 기대고 비를 견디기 위해 뿌리를 더 깊이 내리는 일에서 우리는 배운다.

연리지는 누군가 먼저 상대를 향해 기울어야만 생겨난다. 기울지 않으면 가지가 닿을 수 없고 닿지 않으면 상처도 결합도 일어나지 않는다. 살다 보면 마음이 흔들리고 관계가 불편해질 때가 있다. 그때 조금 더 기울어 보는 작은 용기가 필요하지만 쉽지가 않은 게 인간사다.

연리목이 우리에게 말한다. "먼저 다가가라. 그리고 시간을 견뎌라. 그러면 언젠가 서로를 통해 자라는 기적을 경험하게 될 것이다."

연리목을 보며 관계의 속도를 생각한다. 우리는 흔히 잠시의 감정에 휘둘리고 잠시의 오해로 관계를 놓쳐버리기도 한다.

하지만 나무는 그렇지 않다. 그들은 계절마다 상처를 단단하게 덧붙이고 해마다 조금씩 상대에게 더 다가간다.

연리목은 자연이 우리에게 남겨둔 조용한 기적이다. 두 생이 서로에게 기울고, 상처를 나누고, 결국 하나의 결로 살아가는 풍경. 사람들의 인연도 이와 닮았으면 좋겠다.

바람이 불면 서로를 지탱해 주고, 비가 오면 뿌리를 더 깊이 내리며, 끝내는 하나의 숲을 이뤄내는 관계를 소망해 본다.

두 생이 서로에게 기대어 완성한 그 풍경 앞에 서서 우리 삶의 인연들도 조금 더 따뜻해지고 조금 더 단단해질 수 있으리라 믿고 싶다.

삶은 결국 혼자 견디는 숲길처럼 느껴질 때가 많다. 그러나 나무들은 그런 숲길에서도 서로를 놓지 않는다. 상처가 상처를 잇고, 어둠이 어둠을 감싸며 하나의 생을 만든다.

몸을 가까이 두지 않아도, 말을 하지 않아도, 삶의 어떤 지점에서 두 존재가 서로를 통해 조금 더 단단해질 수 있다는 믿음.

연리목은 그 믿음을 보여준다.

나무의 '비움'

겨울이면 온 산의 나무들은 그동안 자신의 무성했던 치장들을 훌훌 벗어 버리고 고고하게 서 있다. 앙상한 피골로 영하의 날씨에도 모진 칼바람을 맞으며 그 자리를 굳게 버티고 있다.

지난 여름 많은 잎들은 나의 옷이 아니었구나. 힘찼던 동화작용은 나만의 피가 아니었구나. 한 겹 두 겹 옷을 껴입는 계절에 비로소 미련 없는 이별에 익숙하구나. 웅크리고 오그리는 계절에서야 오히려 당당하구나.

겨울 나무 앞에 서면, 한 시절 함께한 혈육을 미련 없이 보내고 제 한 몸만 오롯한 겨울 나무 앞에 서면 우리는 더욱 작아진다. 겨울 나무는 영혼을 팔아 예복을 차려 입지 않고 무성했던 지난날들을 되새김질 하지 않는다. 입은 인간의 몸이 벗은 나무 앞에서 그저 초라하다. 명품이

계급장이나 되는 것처럼 내세워 보지만 명찰도 없는 겨울 나무 앞에 서면 부질없다. 그는 오직 묵언이다.

지금 우리가 누리는 풍요가 누구는 꿈만 같고 기적이라 하고 누구는 천민자본주의일 뿐이라고 한다. 고착된 가치를 수정할 기미도, 참회를 고백할 용기도 없이 분노하는 눈빛만 맵게 변해간다. 주름이 늘고 머리가 굳어지고 있음을 알려고 하지 않는다. 그러는 중에도 나무는 묵묵히 속살에 금을 새긴다. 겨울을 거쳐야 수행의 이력 같은 가는 선이 새겨진다. 겨울을 모르는 나무에게는 나이테가 없다. 영하의 날씨 속에 벗은 몸으로 한철을 보내야만 비로소 얻을 수가 있다. 겉으로 드러내고 과시하지도 않고 속으로 쌓여간다. 몸통을 잘라내고야 촘촘히 새겨진 그 내공을 드러낸다. 인고의 시간이다.

'무소유'를 읽고 감격하여 무소유를 말하지만 언제 우리가 무소유인 적이 있었던가. 방에 앉아서 바깥이 궁금하고 밖에 나가선 아랫목을 그리워한다. 가구가 집을 점령하니 운신이 불편하다. 옷은 왜 그리 쌓이는가. 한 벌밖에 걸치지 못할 몸인데 옷장이 비좁다. 애물단지는 이런 것을 두고 부르는 이름일 터이다.

부산을 떨며 만인의 눈물로 길을 적시며 적멸로 향할 때 나무는 여전히 그 자리에서 그대로 침묵으로 온존한다. 아주 오랜 시간이 지나 우리의 이름이 흔적조차 없어질 때 나무도 서서히 적멸을 맞을 것이다. 우리 몸은 한 줌 재가 되지만 나무는 고사목이 되어 벌레의 자양분이 되고 집이 되고 흙의 거름이 될 것이다.

겨울 나무 앞에 서면 무성함보다 앙상함이 더 엄숙함을 알게 된다.

겨울이 아니어도 비움을 생각하게 하는 나무는 대나무가 아닐까.

대나무는 자라면서 속을 비운다. 살과 근육, 지식과 재산, 명예와 욕심으로 속을 차곡차곡 채우는 것이 동식물이 살아가는 방식인데 대나무는 다르다. 실속을 채운다는 말이 대나무에게는 무색하다. 짧은 죽순 시기에는 아삭한 속살이 있지만 이도 잠시뿐 이내 속을 텅텅 비우면서 자신의 몸을 키운다.

속을 비우고 꼿꼿한 자세로 하늘을 향해 거침없다. 저마다 음흉한 계략을 꾸밀 때도 오직 당당하고 올곧다. 번잡한 잔가지도 만들지 않는다.

곧다고 경직되지도 않다. 오직 곧기만 하다면 쓸모가 적다. 휠 줄 안다. 강직과 유연을 다 갖추고 있으니 그 기품이 가상하다.

직선으로 곧은 대나무지만 휠 줄 알기에 유용한 도구가 된다. 곧음의 반대 즉 굽음은 왜곡, 곡해 등 부정적인 의미로 쓰인다. 그러나 하모니를 이루는 오케스트라의 원천은 작곡이다. 굽음은 직선과 달리 원을 만들 수 있다. 원융무애의 경지에 이를 수 있는 것은 곡의 미덕 때문이다. 동그라미는 비굴과 변절의 조합이 아니다.

만다라의 기본구도는 사각형과 원이다. 직선과 곡선의 조화를 통해 최고의 미학과 가치를 창출한다.

대나무는 겨울에도 푸른 잎을 지니고 있으며 속은 비어 있으나 곧게 자라기 때문에 지조와 절개를 상징한다. '대쪽 같다'라는 말은 부정과 불의에 타협하지 않고 지조를 굳게 지킨다는 것으로 매우 긍정적인 이미지다.

대나무는 소나무와 함께 송죽으로 즐겨 부른다. 또한 사군자와 십장생의 하나로 귀한 대접을 받는다.

우리나라에서는 오래전부터 대나무를 심어 온 것으로 알려져 있다. 삼국사기에 신라 최치원이 중국 당나라에서 돌아와 송죽을 심으며 책을 읽었다는 기록이 있으며 고려시대에 쓰여진 이규보의 동국이상국집에도 대나무에 대한 표현이 많이 나온다.

조선시대 고산 윤선도는 다섯 벗을 두었는데 그중 하나가 대나무다. 그를 노래한 오우가(五友歌)를 보자.

나의 벗이 몇인가 하니 수석과 송죽이라
동산에 달이 오르니 그것 더욱 반갑구나
두어라 이 다섯밖에 또 더하여 무엇하리

구름 빛이 좋다하나 검기를 자주한다
바람 소리 맑다 하나 그칠 때가 하도 많다
좋고도 그칠 때 없기는 물 뿐인가 하노라

꽃은 무슨 일로 피면서 빨리 지고
물은 어이하여 푸르다가 누르는가
아미도 변치 않는 건 바위뿐인가 하노라

더우면 꽃 피우고 추우면 잎 지거늘
솔아 너는 어찌 눈서리 모르는가
구천에 뿌리 곧은 줄 그로하여 아노라

나무도 아닌 것이 풀도 아닌 것이
곧기는 뉘 시키며 속은 어찌 비었는가
저렇게 사시에 푸르니 그를 좋아하노라

작은 것이 높이 떠서 만물을 다 비추니
밤중의 광명이 너만 한 것 또 있느냐
보고도 말 아니하니 내 벗인가 하노라

이젠 살아온 날보다 살날이 더 짧다.

화려한 성하의 여름보다는 나목의 겨울을.

속을 꽉 채우기 보다는 항상 비우면서도 고귀한 자태로 품위를 잃지 않는 대나무처럼 살아보면 어떨까.

번식 전략

나무는 신비스러운 존재다. 한 여름에는 그늘을 만들어주고 가을에는 화사한 단풍으로 마음을 설레게 한다. 종에 따라 다양한 과일이나 열매를 맺어 동물의 입을 즐겁게 한다. 무리를 지어 마을로 불어오는 찬바람을 막아주기도 하고 자신의 온 몸을 내어주어 각종 건축자재가 되기도 한다.

나무는 지구에서 가장 영향력이 크고 오래 사는 존재다. 하지만 우리는 이 막강한 존재에 대해 많이 알지 못 한다. 그저 상쾌한 공기를 선사하는 물질을 함유하고 있음에 감사하고 그 이상은 더 알고자 하지 않는다.

숲에서 일어나는 다양한 자연현상에 대해서도 마찬가지다. 동물과 달리 다른 곳으로 스스로 이동하지 못하고 한 자리에서 나고 그 자리에서 성장하고 죽음을 맞이해야 하는 나무는 어떻게 자신의 자손을 퍼트려 숲을 번성하게 할 수 있을까.

나무의 생존 전략, 씨앗을 통한 나무의 전략을 알아보자.

나무가 씨앗을 흙으로부터 가져오는 전략은 다양하다. 많은 나무들은 바람을 이용하여 자신의 씨앗을 이동시킨다. 씨앗을 멀리 이동시키기 위해 다양한 구조를 개발하기도 한다. 에너지 저장소이자 종족 번식을 위한 씨앗이 바람에 의해 멀리 잘 날아가려면 최대한 무게를 줄여 가벼워야 한다. 포플러는 씨눈의 무게를 1밀리그램 미만으로 줄인다. 포플러의 씨앗에는 고슴도치 가시처럼 뾰족하게 선 솜털이 달려서 약한 바람에도 잘 날아간다. 폭풍이 몰아칠 때 포플러 씨앗은 100킬로미터 이상을 날아가는 것으로 알려져 있다. 그리하여 자신이 살아왔던 숲이 아닌 다른 곳에서도 정착하여 새로운 공간을 쉽게 개척한다.

하지만 무게를 가볍게 하는 씨앗 구조에는 단점도 있다. 씨앗에는 지방 혹은 오일 형태의 저장 물질이 거의 없어서 새싹은 스스로 에너지를 조절해야 계속 성장할 수 있다.

나무는 다른 종의 나무와 경쟁할 필요가 없고 심지어 식생이 존재하지 않는 곳에 정착하고 싶어 한다. 이런 곳에서 작은 싹을 틔우고 아무런 방해 없이 자라서 성목이 되고자 한다.

숲을 좋아하는 수종들은 자손에게 양식을 조금만 내어주고 여행을 떠나보낸다. 어스름이 짙어지고 햇빛이 가물가물해지면 나무는 생명을 유지할 수 없다. 한줄기 햇빛이 땅에 닿는 순간 나무들의 경쟁이 시작된다. 저장된 에너지가 충분해야 뿌리가 튼튼하게 자랄 수 있고 잎이 형성

된다. 그런데 영양분이 많은 씨앗은 무거워서 멀리 날아 갈 수 없다.

나무는 이 문제를 어떻게 해결할까. 궁리 끝에 탄생한 것이 회전자 구조다. 회전자 구조에는 헬리콥터처럼 작은 동력장치가 달려서 무거운 씨앗도 멀리까지 실어 나를 수 있다. 이번 가을엔 단풍나무의 화려한 잎만 보지 말고 씨앗에 달린 날개도 살펴보도록 하자.

더 무거운 씨앗과 동력장치가 없는 씨앗은 동물들을 이용하기도 한다. 야생 환경에서 농축된 식량을 먹고 사는 어치나 청설모 같은 동물이 대표적이다. 이러한 동물들은 겨울에 눈이 내려 식량이 떨어질 때를 대비하여 한 마리당 수백 개 심지어 수천 개의 먹이를 숨겨 놓는다. 포유동물은 수백 미터 인근 지역에 숨겨 놓고, 반면 조류는 수 킬로미터 먼 지역에도 씨앗을 숨겨 놓는다.

그런데 이들 동물들은 자신이 숨겨 놓은 식량 장소를 잊어버리기도 한다. 연구 결과에 따르면 청설모는 1만 개가 넘는 식량을 숨겨놓을 수 있다고 한다. 물론 청설모 혼자서 많은 식량을 다 처리할 수는 없다. 이 많은 씨앗을 다 먹으면 청설모는 과체중이 되어 움직일 수 없을 것이다. 자연스럽게 남는 씨앗과 잊어버리는 씨앗이 생기게 되는 데 이들이 봄에 싹을 틔우게 되는 것이다. 나무와 동물의 훌륭한 공존이다.

동물마다 할 수 있는 일이 따로 있어서 자신의 임무를 수행해야 하는 나무는 정해져 있다. 동물들은 자신이 주식으로 먹는 씨앗을 퍼트리는 데 기여하며 나무의 번식을 돌본다. 이것은 동물 자신의 후손이 먹고 사는 데도 필요한 일이다.

물론 나무의 계획에 없던 동물도 있다. 야생 멧돼지가 대표적이다. 멧돼지는 추운 겨울을 나려면 몸속에 두꺼운 지방층이 있어야 해서 매년 가을 열매를 찾으려고 나무 밑을 파헤치며 다닌다. 나무의 씨앗 전략의 방해자다.

멧돼지가 숲에 해로운 동물이라기보다는 이로운 동물이라는 주장도 있다. 멧돼지는 흙에 떨어진 야생 열매를 찾으러 여기저기 헤집고 돌아다니다가 남은 열매를 일부 묻어 놓기도 한다. 그래서 수천 개 어린 새싹의 눈이 보호받을 수 있다는 견해이다. 그러나 이는 틀린 주장이다. 멧돼지는 후각이 매우 발달하여 도토리나 너도밤나무 열매를 거의 다 찾아내 먹어 치운다. 최근 멧돼지 개체 수가 급증하여 가을이면 숲의 토양이 완전 초토화되곤 한다. 이듬해에 새싹이 나길 기다리던 꿈들이 아무 소용없는 일이 되어 버린다.

멧돼지 개체 수 급증은 기후변화, 즉, 따뜻한 겨울 때문이라고 한다. 또한 참나무와 너도밤나무가 환경변화에 대한 스트레스로 종족을 보호 보존하고자 더 많은 열매를 맺는 것도 이를 먹이로 삼는 멧돼지 개체수 증가의 요인으로 꼽힌다.

우리가 야생 열매에 흥미를 갖게 된 이유로 특이한 경우도 있다. 많은 나무가 씨앗을 일부러 매력적인 열매껍질에 포장하는 것인데. 여기에는 맛있게 먹으라는 의도도 있지만 종족 번식을 위한 나무의 숨겨진 전략이 있다.

첫 번째는 수백 년 전부터 이어져 내려온 전통으로 열매껍질로 씨앗을 포장하여 손상되지 않은 상태의 씨앗을 동물의 배설물로 배출하게 하는 것이다. 마가목 열매 등은 가을이면 붉은 열매로 손님들을 유혹한다. 그리고 이 씨앗들은 손님인 새들의 먹이가 되어 멀리 이동한 후 새들의 장을 거쳐 배설되어 새로운 영토에 자리 잡는다. 나무는 새들과의 공존을 통해 자신의 종족을 멀리 그리고 안전하게 전파하는데 성공한다.

두 번째는 새로운 자연환경에 적응하는 것이다. 과실수 재배는 수백만 년이 넘는 긴 역사동안 인류와 해온 결과물이다. 과실수는 야생종의 단점을 보완하여 인간에 맞춰 진화해왔다. 또한 서로 도울 뿐만 아니라 다른 종의 나무들을 보호해준다. 인류가 과실수 재배에 성공할 수 있었던 것도 나무 스스로가 지니고 있는 환경 적응력을 잘 파악하고 활용한 결과이다.

나무는 자신을 둘러싼 환경에 스스로 적응하며 살아갈 수밖에 없다. 더 좋은 환경을 찾아 이동할 수는 없는 나무는 그들만의 생존과 종족 보존의 전략을 수립한다.

나무는 다가오는 혹독한 이 겨울을 견디지 못하고 다음해 봄을 맞이하지 못할 것을 항상 두려워하는 것은 아닐까. 그 두려움이 커져 겸손한 자세로 숲의 요소들을 배타적으로 대하지 않고 최대한 활용하는 현명한 공존의 방식을 선택한 것은 아닐까.

인간도 각 국가들도 혼자로는 부족한 존재임을 깨닫고 주변의 현실적 요소들을 인정하며 공존하는 지혜를 모을 때이다.

숲은 평화의 학교다.

단풍의 미학

만산홍엽의 계절이다.

높은 산등성이는 물론 도심 가로수도 노란색, 붉은색 등으로 눈이 부시다. 우리들 마음도 심란해져 어디론가 떠나고 싶다. 설악산 등 단풍 명소가 아니더라도 근처 공원에라도 나가 파란 가을 하늘과 함께 익어가는 나무와 숲을 가까이서 호흡하고 싶다.

봄, 여름, 가을, 겨울 4계절이 뚜렷한 우리나라는 숲의 다양한 변화에 대해서는 축복이다. 봄의 새순을 보라. 연하게 수줍게 돋아나는 연두색의 나뭇잎은 우리를 얼마나 설레게 하는가. 꽃보다 아름답다. 어린아이의 싱그러움으로 우리를 부른다. 봄꽃은 또 어떤가. 섬진강변에서 불어오는 매화의 향기를 시작으로 진달래, 생강나무, 산수유, 철쭉 등은 겨우내 움츠러들었던 사람들을 산과 들, 야외로 이끈다. 꽃을 매개로 한 각종 축제도 전국에서 행해진다.

봄은 나무와 숲을 즐겁게 만나는 축복의 계절이다.

나무에게 있어 봄이 유년기라면 여름은 청년기이다. 여름의 나뭇잎은 훨씬 성장하여 연두색에서 짙은 초록색으로 변하고 광합성도 활발하다. 영양생장의 절정기다. 피톤치드의 분비가 가장 높은 여름 산은 숲에 있는 인간에게 더위보다는 상쾌함을 선사한다.

당연하지만 나무는 이러한 봄과 여름을 거쳐서 가을을 맞는다.

가을 단풍은 나무가 우리에게 잎으로 선사하는 색의 축제다. 이 축제는 봄꽃 축제 못지않게 전국 단풍명소들로 사람들을 불러 모은다. 전 국토가 단풍행락객으로 들썩인다.

인간에게 아름답게 보이는 단풍은 나무에게 있어서는 낙엽이 되기 전 단계이다. 단풍은 나무마다 다르고 같은 종류의 나무라고 하더라도 각기 다른 색으로 물들기도 한다. 주변 토양의 수분 함량에 따라 다르고 그 시기 주야 온도차에 따라서도 다르다. 나무의 줄기와 잎 사이에 '떨켜'가 있는데 이 떨켜가 통로를 막으면 나뭇잎에 남은 색소의 종류와 양에 따라 단풍의 색이 결정된다.

4계절이 뚜렷한 온대지방의 나무더라도 가을이 되어도 단풍이 들지 않는 나무가 있는데 이를 '늘푸른나무'라고 한다. 소나무, 잣나무, 주목 등 침엽수가 대부분이지만 사철나무, 동백나무 등 활엽수도 있다.

침엽수 중에서 메타세쿼이어, 낙엽송, 낙우송 등은 가을에 잎을 떨어뜨리므로 모든 침엽수가 늘푸른나무는 아니다.

잎을 떨어뜨리는 나무의 잎 수명은 대개 6~7개월이다. 4월에 새순이 나와 여름에 성숙하여 10월이나 11월에 떨어진다. 늘푸른나무는 새잎을 만드는 에너지를 절약하기 위해 한번 만든 잎을 평생 떨어뜨리지 않는 것 같지만 그렇지 않다. 잎의 수명이 길 뿐 주기적으로 잎을 떨어뜨린다. 소나무의 잎 수명은 2~3년, 주목의 잎 수명은 2~7년이다. 지난해 나온 잎이 떨어지지 않은 상태에서 새잎이 나오는 것이다. 이듬해에도 다시 이듬해에도 반복되어 몇 년 전의 잎이 그대로 있으니 항상 초록을 유지하는 것이다.

활엽수 중에서 다른 나무에 비해 단풍이 늦게 드는 나무가 있는데 버드나무가 그렇다. 버드나무와 냇가에 있는 다른 나무들은 늦게 단풍이 드는데 바로 물 때문이다. 단풍이 드는 것은 낙엽이 되어 가는 과정인데 나무가 겨울에 잎을 떨어뜨리는 이유를 알면 이해가 된다. 잎을 구성하는 성분에는 수분이 많다. 날이 추워져서 그 수분이 얼면 세포가 죽는데 잎이 있어도 어차피 죽기 때문에 미리 떨어뜨리는 것이다. 잎이 살았다면 광합성을 계속할 것이고 증산작용도 일어나서 물이 필요한데 겨울에는 땅이 얼고 눈이 쌓여도 땅속에 바로 수분이 공급되지 않는다. 잎은 물을 뿜어내고 뿌리는 물을 흡수하지 못한다면 나뭇잎은 말라 죽는다. 이러한 현상을 미리 막기 위한 나무의 전략이 바로 스스로 낙엽을 만드는 것이다.

물 공급이 쉬운 곳이라면 또는 원래 물가를 좋아하는 나무라면 아무래도 잎을 늦게 떨어뜨려야 좋다. 그래서 버드나무나 물가의 다른 나무가 단풍이 늦게 드는 것이다.

소나무 등 침엽수는 잎에 부동액 같은 성분이 있어서 추워도 잘 얼지 않고 증산하는 양도 많지 않아서 물이 부족해도 잘 버틸 수 있다. 그래서 잎을 잘 떨어뜨리지 않는다. 침엽수이면서 잎을 떨어뜨리는 잎갈나무나 메타쉐쿼이어 같은 종은 대체로 사는 환경이 춥기도 하지만 건조하고 바람이 많이 부는 환경에서는 잎을 달고 있는 것이 유리하지 않으니 침엽수인데도 잎을 떨어뜨리는 전략을 쓴다.

나무가 각각의 생존전략에 따라 잎을 유지하고 떨어뜨리는 것을 알았다. 그러면 잎을 유지하는 나무들의 단풍 색상은 어떻게 결정될까.

가을에 나뭇잎의 색상은 변한다. 즉 단풍이 된다. 잎이 활동을 멈추면 엽록소가 파괴되고 자가분해가 진행되는데 엽록소의 자가분해 과정에서 안토시안이 생성되는 종은 붉은 색 또는 갈색 계열의 단풍이 되고, 안토시안이 생성되지 않는 종은 엽록소의 녹색에 가려 보이지 않던 잎 자체에 들어 있는 노란 색소들이 나타나게 되어 노란 단풍이 된다.

붉은색으로 물드는 나무들로는 단풍나무를 비롯하여 산벚나무, 화살나무, 붉나무, 옻나무, 산딸나무 등이 있다.

은행나무 잎처럼 노랗게 물드는 것은 잎 속에 카로티노이드라는 색소가 많아지기 때문이다. 이 색소는 잎이 만들어질 때 엽록소와 함께 만들어지나 엽록소의 1/8밖에 되지 않는다. 따라서, 잎이 처음 만들어질 때는 엽록소에 의해 초록색을 띠지만 가을로 접어들고 엽록소가 파괴되면서 잎은 카로티노이드의 색깔인 노란색 또는 갈색으로 물들게 된다.

노란색으로 물드는 나무들로는 고로쇠나무, 느릅나무, 피나무, 플라타너스 등이 있다. 잎이 갈색으로 물드는 것은 안토시아닌 대신 타닌이 많이 만들어지기 때문이다. 타닌은 안토시아닌이 만들어질 때처럼 설

탕과 같은 물질이 화학반응을 거치면서 만들어지나 거의 마지막 단계에서 안토시아닌과는 다른 경로를 거치게 된다. 갈색으로 물드는 잎이라도 잎 속에는 많은 카로티노이드가 있으며, 또한 타닌과 안토시아닌이 함께 만들어지기 때문에 여러 가지의 색 조합을 나타낸다. 잎이 갈색으로 물드는 나무로는 느티나무, 칠엽수 등이 있다.

단풍은 날씨가 가을로 접어들면서 기온이 갑자기 떨어지는 해보다 기온이 천천히 내려가는 해에 더 아름답다. 갑자기 추워지면 단풍이 들기도 전에 낙엽이 되어 떨어져 버린다. 보통 하루 평균기온이 15℃, 최저기온은 7℃ 일 때부터 나타나며 우리나라는 설악산이나 오대산에서 시작하여 하루에 약 25㎞씩 남쪽으로 내려오고, 산에서는 약 40m씩 산 아래쪽으로 내려온다.

겨울은 나무에게는 어려운 시기이다.

나무는 추운 기온과 물 부족 등 여러 가지 어려움을 겪어야 한다. 겨울동안 부족한 수분을 최대한 보존하고 자원을 절약하여 살아나고자 하는 나무의 생존전략의 결과가 바로 단풍이다.

올 가을에는 아름다운 단풍만 무심히 볼게 아니라 그 아름다움 이면에 있는 나무들의 치열함과 지혜도 헤아려 볼 일이다.

폭풍우를 견디는 방법

새 봄, 혹독한 겨울을 견딘 나무들을 우린 마주 할 것이다. 추위는 물론 거센 바람도 그들을 쓰러뜨리지 못했고 비로소 우리 앞에 당당히 선 나무들.

나무들은 변화무쌍한 자연현상 앞에서 어떻게 자신을 지키며 살아갈까.

침엽수는 고집이 세다. 어떤 상황이 닥쳐도 침엽수의 나무줄기는 하늘을 향해 자란다. 항상 중력의 반대방향으로 자라려고 노력한다. 모든 침엽수는 일사분란하게 꼿꼿이 허리를 세우고 있어서 침엽수림은 단조로운 모습이다. 이러한 통일성 때문에 침엽수림에서는 다른 점이 조금만 있어도 쉽게 눈에 띈다. 침엽수는 흙으로부터 나가떨어지지 않으려 사력을 다하기 때문에 강풍의 직격탄을 맞아 틈이 생긴 부분만 땅에서 살짝 들어 올려 서 있다. 이렇게 올라간 부분은 몇 센티미터에 불과하지만 나무줄기는 눈에 띄게 기울어지게 된다. 나무뿌리 옆에 잔가지들이 새로 나면서 나무 밑동 아래 토양은 단단히 다져진다. 이때부터 나무는 다시 위로 자라기 시작한다. 하지만 나무는 비스듬히 기울어진 나무줄기의 자세를 더 이상 고쳐줄 수 없다. 나뭇가지 끝부분이 계속 자라고 있기 때문이다. 이 시점부터 나무줄기에 굴곡이 생긴다. 굴곡이 처음 시작된 부분까지 위에서 아래로 세어보면 나무의 나이를 가늠할 수 있고 폭풍이 발생한 시기도 확인할 수 있다.

나무는 평형을 유지하는 또 다른 힘이 있다. 높은 산에 잦은 바람이 불어 오랜 기간에 걸쳐 힘이 일정하게 가해지면 나무줄기는 긴 곡선을 그리며 자란다. 이것은 동활 침식과 유사한 작용을 하며 비탈진 산 중턱 토양의 맨 위층은 대개 불안정하다. 이 토양층은 푸딩처럼 진득진득해서 몇 년에 걸쳐 천천히 골짜기 아래로 흘러내린다. 토양이 아래로 미끄러져 내리는 만큼 나무줄기는 비스듬히 기울어지고 나무는 위로 자라려고 안간힘을 쓴다. 그 결과 나무줄기는 활 모양으로 휘어진다.

활엽수와 침엽수는 기본적으로 같은 규칙성을 나타내며 성장한다. 폭풍이나 돌풍을 맞았을 때 활엽수는 침엽수와 유사한 성장 형태를 보인다. 나무줄기가 비스듬히 기울거나 구부러진다. 활엽수는 가능하면 위로 자라려고 하지만 침엽수처럼 수직방향으로의 성장만을 고집하진 않는다.

활엽수의 가지는 빛을 포착할 기회가 생기면 빛의 방향으로 바로 휘어지고 빛이 오는 방향으로 늘어난다. 이렇게 자란 가지 중 가장 튼튼한 가지는 나중에 나무줄기가 된다. 활엽수가 기울어진 원인을 찾을 때 가장 먼저 확인하는 것이 빛의 상태다. 숲의 가장자리를 보면 활엽수와 침엽수의 차이를 뚜렷하게 관찰할 수 있다. 침엽수는 곧이곧대로 위로만 자라려고 하지만 어린 활엽수들은 앞뒤 가리지 않고 숲 가장자리로 밀고 들어온다.

어둠에 묻혀 있는 어린나무들은 언젠가는 더 많은 빛을 받으리라 기대하며 때를 기다린다. 우리는 이런 나무를 쉽게 알아볼 수 있다. 이런 경우 침엽수든 활엽수든 잎 모양에 상관없이 모든 나무는 주축이 되는 새싹 또는 가장 키가 큰 새싹보다 곁가지에 달린 새싹의 길이가 길다. 이유는 간단하다. 나무는 위로 자라는 데 온 에너지를 쏟아 붓는데 거대한 나무의 그늘에 가려져 있는 상태에서는 나무 꼭대기까지 도달할 힘이 부족하다. 이런 상황에서 어린나무는 고목 사이에서 토양에 도달할 수 있는 약간의 빛을 최대한 포착하는 것이 더 유리하다. 그 빛을 포착하려면 나뭇가지가 옆으로 퍼져야 가능하다.

나무의 세계에도 서열이 있는데 가장 높은 곳은 나무의 가장 윗부분인 우듬지이다. 이곳에서는 그 누구의 방해 없이 햇빛이 나뭇잎 위로 쏟아져 내리기 때문에 당과 목재가 넘치도록 많이 생긴다.

정원이나 공원에 있는 나무의 대부분도 같은 원칙이 적용된다. 이곳에서는 나무마다 서 있는 간격이 넓기 때문에 모든 나무가 방해받지 않

고 성장할 수 있다. 하지만 수천 그루의 나무들이 서로 햇빛을 갈망하며 서 있는 숲에서는 상황이 완전히 다르다. 이때 나무들은 서로 경쟁하지 않고 각기 다른 지위를 가지고 있다.

숲의 우두머리는 덩치가 큰 나무들로 그 나무들의 수관은 사방으로 일정하게 커진다. 우두머리 나무 옆에는 키는 같지만 수관이 훨씬 작은 나무들이 서 있는데 이 나무들 사이에는 작은 틈이 있다. 몸집이 더 작은 나무들이 꽃을 피울 무렵이면 우듬지의 일부는 강렬한 햇빛을 받지만 나뭇가지 길이가 짧고 잎의 무게가 가볍다. 그래서 막강한 힘을 가진 우두머리 나무보다 힘이 약하다.

산책할 때 나무 아랫부분인 땅부터 천천히 살펴보면 나무 세계의 서열을 어렵지 않게 파악할 수 있다. 이때 나무줄기의 지름을 보면 나무의 서열을 파악하는데 도움이 된다. 이 경우 예외 없이 적용되는 법칙은 나무 굵기가 굵을수록 서열이 높다는 것이다. 적자생존의 원칙이 지배하는 숲에서는 가장 강한 나무가 집중적으로 성장하기 때문이다. 가장 큰 나무들은 수관의 면적도 크기 때문에 가장 많은 양의 당, 단백질, 목재를 생산할 수 있다.

빛은 치열한 생존 경쟁에서 승리하는 데 가장 중요한 요인이다. 수관을 크게 키울 수 있는 나무일수록 잎이 많이 달리므로 지속해서 햇빛을 받을 수 있음은 물론이다. 따라서 모든 나무들은 주변 나무들을 앞질러 최대한 크게 성장하려고 한다.

키가 큰 나무일수록 지렛대 효과도 커진다. 나무는 수 톤에 달하는 나뭇잎과 나뭇가지의 무게를 감당해야 한다. 몸집이 큰 나무일수록 균형을 맞추기 위해 많이 흔들린다.

폭풍이 불어 닥치면 나무의 밑동에 엄청난 지렛대 힘이 작용한다. 한 연구결과에 의하면 나무 한 그루당 12~1,000킬로뉴턴미터 크기의 힘이 작용한다고 한다. 이 물리량을 무게로 환산하면 약 100톤이다. 그러니까 폭풍이 이 무게만큼의 힘으로 나무를 잡아당기고 있는 셈이다. 이렇게 강력한 힘이 나무에 작용한다는 것을 알게 된다면 폭풍에 나무 한 그루가 성냥개비처럼 뚝 부러지는 것을 보고 새삼 놀라지 않을 것이다.

원래 나무의 무게는 어떤 폭풍이 불어도 견딜 수 있을 만큼 무겁다. 나무줄기의 지름이 두 배로 증가하면 폭풍에 대한 안정성이 여덟 배 증가한다. 그런데 모든 나무가 이 수치만큼 옆으로 퍼지지 않는 이유는 무엇일까.

모든 나무는 폭풍에 쓰러지지 않기 위해 자신이 얼마만큼의 에너지를 투자해야 할지 누구보다 잘 안다. 몸통 일부가 부실한 나무는 강풍을 이기지 못하고 휘거나 틀어지고 나무줄기의 조직이 긴장되거나 압축되어 변형이 일어난다. 그래서 추후 이런 일의 재발을 막기 위해 나무줄기가 점점 굵어지는 것이다.

숲의 관점에서 보면 나무는 언제든지 쓰러질 수 있다. 결국 이웃 나무들은 안정성과 힘들 때 의지할 든든한 어깨를 잃는 셈이다. 폭풍은 이러한 전환기에 훨씬 더 위험하고 치명적인 연쇄반응을 일으키기 시작한다. 불안하게 서 있던 나무가 바람이 불면 허무하게 쓰러지면서 이웃 나무들도 연쇄적으로 무너뜨린다. 이러한 현상은 질서정연하게 서 있는 침엽수림에서 특히 자주 발생한다.

반면 원시림에서는 이러한 일이 잘 발생하지 않는다. 키가 크고 몸통이 굵은 나무들이 버티고 있는 원시림은 어떤 폭풍이 불어도 완강하게 저항한다. 거세게 몰아닥치는 폭풍과 원시림이 충돌하면 바람의 강도가 약해져 폭풍으로 인한 손실이 훨씬 줄어든다. 어린 나무들은 바람이 들지 않는 곳에 낮은 몸으로 숨어서 피해를 가장 적게 입는다. 뿐만 아니라 거대한 나무 중 일부가 쓰러지면 그 빈자리를 채울 것이다.

새 봄 우리가 맞이하는 나무들은 온갖 시련을 견디고 우리 앞에 서 있는 것이다.

낙엽단상

나무는 지상의 모든 생명체를 키우는 어머니 같은 존재다.

한 그루의 나무는 광합성을 통하여 탄수화물을 합성하여 동물을 키운다. 지구 위의 유일한 생산자는 녹색식물이다. 녹색식물만이 산소를 생산하여 동물이 호흡할 수 있도록 하고 대기 중의 이산화탄소를 흡수한다. 나무야말로 지구를 살리는 최초의 어머니이다.

인류는 이 세상에 태어났을 때부터 줄곧 나무에 의존하여 삶을 영위해 왔다. 나무가 내뿜는 산소를 마시고 과일과 곡식 등을 얻었으며 죽어서는 나무로 짠 관에서 입멸한다. 나무에서 얻은 섬유는 인간에게 의복과 종이로 다시 태어나고 목재는 주택의 재료가 된다. 그야말로 사람은 나무에 의존하여 살아가는 셈이다.

사람마다 나무에 얽힌 사연을 간직하고 있을 것이다. 어떤 청춘은 느

티나무 아래에서 사랑을 키웠을 것이고 어떤 이는 그 나무 앞에서 자신의 미래를 다짐했을 것이다. 오래된 나무는 살아온 세월만큼 수많은 사연을 간직하고 있기에 문화적으로도 매우 중요하다. 눈에 보이지 않는 정신문화를 그 나무가 꼭꼭 숨기고 있는 셈이다.

만산홍엽, 가을이 되면 온 산이 불탄다. 단풍의 계절이다. 나무는 한여름 왕성한 광합성으로 불린 몸집을 가볍게 정리한다. 겨울로 가는 길목에서 나무가 보여주는 사투다. 단풍은 그 흔적이라고 할 수 있다.

나무는 동물과 다르게 월동장소로 이동하지 못하고 그 자리에서 추운 겨울을 견뎌내야 한다. 겨울을 앞두고 예상되는 많은 변화 앞에서 나무가 택한 월동대책은 몸에 있는 에너지와 수분을 최대한 줄이는 것이다. 잎으로 흐르는 수분을 줄여 최소한의 에너지만 가지고도 살아남을 수 있도록 스스로 대비한다. 많은 수분 때문에 추운 겨울 얼어 죽을 것을 방지하는 것이다.

나무는 잎으로 흐르는 수분의 양을 줄이면서 가지와 잎 사이에 떨켜를 만든다. 떨켜가 완성되면 이제 수분이 더 이상 잎으로 가지 않게 되어 푸름을 유지하던 엽록소도 서서히 파괴된다. 대신에 가을과 함께 온도가 내려가기 시작하면 나뭇잎에 포함되어 있던 안토시아닌이라는 붉은 색소와 카라노이드라는 노란 색소가 선명해지면서 나뭇잎은 저마다의 색으로 아름답게 보인다. 사람들은 아름다움에 열광하고 이 산 저 산을 누빈다.

단풍(丹楓)의 '단(丹)'은 붉다는 뜻이지만 노랗게 변하는 은행나무 잎이나 갈색으로 변하는 느티나무 잎도 모두 단풍이라 한다.

기온의 변화에 따른 나뭇잎의 색소 변화가 나무의 특성에 따라 달라 나무마다 독특한 아름다움을 연출한다. 그러나 이는 슬프게도 광합성을 담당했던 잎이 수명을 다해 본래의 푸름을 잃어버리고 불타는 단풍으로 자신의 존재를 보여준 다음 미련 없이 떨어져나가는 소멸의 과정이다.

평범하고 정상적인 상황에서는 나무도 평소 살아가는 방식을 답습하지만 자기 몸에 겨울이라는 심각한 위험이 가해지면 신체의 변화를 일으켜 마지막 몸부림을 하는 것이다.

나무에게 가을은 열매를 맺고 한 해 동안의 성과를 거둬들이는 계절이기도 하지만 혹독한 추위를 견디기 위해 다이어트를 시작하는 시기이기도 하다. 에너지의 원천이었던 나뭇잎을 단풍으로 만들며 뜨겁게 불태운 다음 미련 없이 낙엽으로 몸집을 가볍게 만드는 것이다.

낙엽이 가르쳐주는 소중한 삶의 교훈은 버리지 않으면 버림받는다는 사실이다. 지금 붙잡고 있는 손을 놓고 지지대를 잡아야 앞으로 나아갈 수 있다. 옛것을 버리고 새로운 것을 창조한다는 법고창신(法古創新)이나 옛것을 익힘으로써 새것을 아는 온고지신(溫故知新)의 미덕을 낙엽을 통해서도 배울 수 있다. 낙엽은 자신을 버려야 새봄의 희망과 함께 새순을 틔울 수 있음을 오랜 경험을 통해 터득한 것이다.

나무의 아름다움은 공존과 나눔의 미덕을 몸소 실천하는데서 더욱 빛을 발한다. 아름다움은 자기만의 생존과 이익을 위하는데 급급하지 않고 남과 함께 나누며 살아가는 즐거움을 만끽하는 가운데 발견된다.

나무는 자신의 일부를 자신을 키워준 땅으로 돌려줌으로써 공존의 길을 간다. 이러한 나무의 진면목은 봄의 신록이나 여름의 녹음으로 알 수 있지만 단풍잎을 다 떨어뜨리고 보여주는 줄기와 앙상한 나뭇가지일 때 더 잘 알 수 있다. 나목일 때 비로소 뼈대와 중심이 드러나고 중심을 버티고 있는 구조를 알아볼 수 있다. 산도 겨울 산에서야 비로소 자신의 골계미를 보여 주는 것처럼.

마침내 나무는 자신을 키워준 땅으로 돌아가 스스로 거름이 되어 다시 자신을 키워내는 자양분의 역할을 한다.

'낙성(落成)' 한자 그대로 풀이하면 '떨어져서 완성한다'는 의미다. 떨어지는 것은 있는 자리에서 마지못해 수동적으로 이탈하는 것이 아니라 무언가를 완성하기 위해서 적극적으로 벗어나는 행위다.

낙엽은 떨어지는 순간 실패가 아니라 자신을 키워준 나무가 더 튼실하게 성장하는데 필요한 거름으로 쓰여 진다.

나무는 새봄부터 여름까지 햇빛을 차지하기 위해 서로 경쟁한다. 여유가 없다. 그러다 나뭇잎을 다 떨어뜨리고 밖으로 성장하는 과정을 멈추고 안으로 성숙하는 시간을 맞이할 때 비로소 자신의 존재이유를 성찰하기 시작한다. 비로소 여유 속에서 자유의 참맛을 즐긴다.

내 손이 비어 있을 때 남을 도와줄 수 있는 여유가 생긴다. 내 손에 무언가를 무겁게 들고 있다면 다른 사람의 짐을 나눠 들어줄 여유가 생기지 않는다.

가을, 단풍을 보면서 더불어 살아가는 행복의 비밀을 깨닫는다.

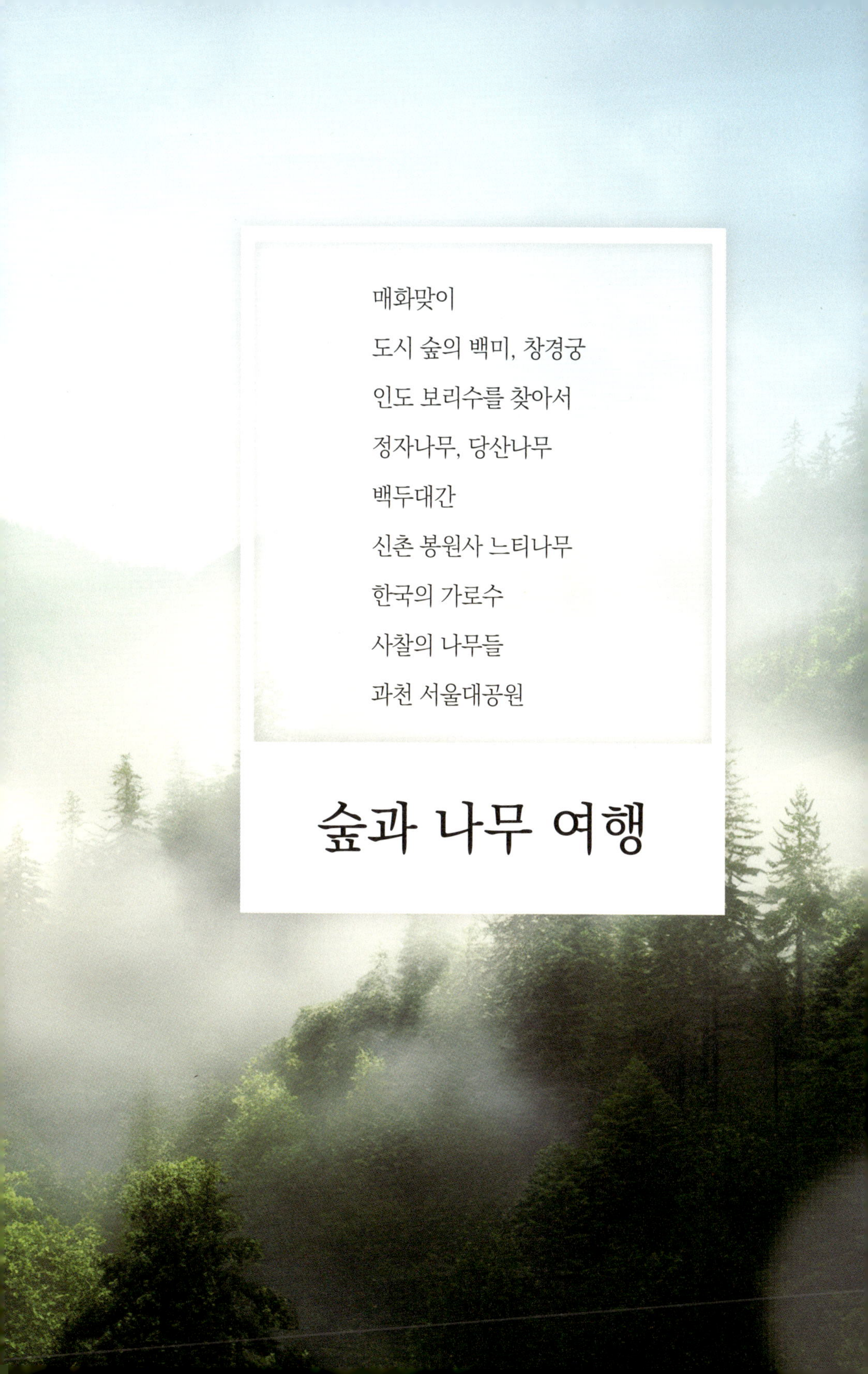

매화맞이

도시 숲의 백미, 창경궁

인도 보리수를 찾아서

정자나무, 당산나무

백두대간

신촌 봉원사 느티나무

한국의 가로수

사찰의 나무들

과천 서울대공원

숲과 나무 여행

매화맞이

봄, 온 세상이 꽃으로 가득한 시기다. 여름 꽃도 예쁘지만 긴 겨울을 지나 맞이하는 봄의 꽃들은 그 자체가 생명의 신호요 생동감이다.

한동안 해마다 봄꽃을 먼저 보기 위해 여수 영취산으로 구례 산동면으로 대구 비슬산으로 봄맞이 산행을 다녔다. 그중에서도 나의 봄꽃 여행의 절정은 어김없이 전남 광양 매화마을이다.

하얀 꽃망울을 피우는 매화에서부터 홍매화, 청매화까지 그 고운 자태와 향기에 흠뻑 취하고 귀경하면 한동안 온갖 시름을 잊을 수 있었다. 그리고 몇 주 지나서 창경궁 옥천교 부근에 핀 매화를 다시 보면 봄은 오롯이 내 것이었다.

광양 매화마을은 신지식인으로도 선정된 홍쌍리 여사가 척박한 야산을 온갖 고생을 하며 일군 곳이다. 이제는 수형 40년 넘은 매화나무로 자라 해를 거듭할수록 더욱 좋은 봄맞이의 명소다.

매화는 다섯 장의 순결한 꽃잎을 가진 장미과의 아름다운 꽃이다. 그 향기는 더욱 매혹적이다. 아쉬운 점은 꽃이 피면 오래도록 매달려 있지 못해 덧없이 피었다가 곧 지고 만다. 미인박명에 비유된다.

살구나무와 구분이 쉽지 않지만 2년생 가지가 녹색이고 종자가 과육과 잘 분리되지 않는 것이 특징이다.

매화는 찬 서리를 이겨내는 강인한 성정이 고난과 역경을 극복해 가는 선비의 의연한 기개를 닮았다 하여 군자의 꽃으로 여긴다. 억압에도 굴하지 않고 불의에 물들지 않으며 오히려 맑은 향을 주위에 퍼뜨리는 모습에서 선비의 기질을 보여준다는 것이다. 난초, 국화, 대나무와 더불어 4군자로 오랫동안 사랑받는 이유다.

더불어 세한삼우(歲寒三友)의 하나로 겨울에도 푸르름을 잃지 않는 소나무와 대나무와 더불어 시인 묵객들에게 사랑받는 작품소재가 되었다.

중국 송나라 때 〈연등회요〉에 어느 비구니 스님은 어느 날 매화를 통해 깨달음을 얻고 그 때의 환희를 시로 남겼다.

종일심춘불견춘(終日尋春不見春)

장려답파기중운(杖藜踏破幾重雲)

귀래시파매초간(歸來試把梅梢看)

춘재지두이십분(春在枝頭已十分)

종일토록 봄을 찾아 헤매었으나 볼 수 없었네
짚신 발로 산정에 올라 구름까지 찾아보았지
돌아보니 언뜻 코끝을 스치는 매화향기
봄은 어느새 찾아와 가지에 앉아 있었네

매화는 가장 일찍 봄을 알리는 꽃이다. 매년 매화가 피는 봄이면 선비들의 탐매(探梅) 여행이 이루어졌다. 전통적인 탐매 여행은 당나라 시인 맹호연으로부터 시작되었다고 알려진다. 그는 장안 동쪽의 깊은 산에 숨어 살면서 산속에 자생하는 매화나무에서 처음 꽃이 피는 나무를 발견하면 오래도록 그 자리를 떠나지 못했다고 한다. 그가 장안에서 파교를 건너 산으로 탐매를 떠났기 때문에 '파교삼매(灞橋三昧)'라는 고사가 생겼다.

중국에는 산과 들에 매화가 많이 자생했기 때문에 이처럼 야생매화를 찾았지만 우리나라에서는 사찰이나 고택에서 자라는 매화를 주로 감상했다. 선비들은 지방 어느 산골에 희귀한 매화가 있다고 하면 그 매화를 보기 위해 길을 나섰다.

매화나무 아래에서 시를 짓고 술 향기와 매화 향기에 취했으며 풍류를 즐겼다. 오늘날로 보면 봄꽃놀이요 매화소풍이다. 일본에서 벚꽃놀이를 좋아하는 것과 달리 우리 선조들은 매화 소풍을 즐겼으니 그 기질이 상이하다. 선조들은 매화 속에 깃들인 선비정신을 받들고 마음의 때

를 씻기 위해 온몸으로 매향을 들이켰다.

매화는 충절을 상징하며 선비의 기개와 의지를 나타낸다. 역사적으로 많은 명현들이 매화를 호로 삼았다. 사육신의 한 사람인 성삼문의 호는 '매죽헌(梅竹軒)'이다. 단종에 대한 충성심을 설중매와 절개의 상징인 대나무로 표현했으리라. 매월당(梅月堂) 김시습이나 중종 때의 명필 매학정(梅鶴亭) 황기, 우국열사였던 매천(梅泉) 황현 모두 매화를 자신의 호로 삼았다. 윤봉길 의사의 호 역시 매헌(梅軒)이다. 충절을 최고의 가치로 여기고 오로지 나라와 민족을 위해 목숨까지 버릴 수 있었던 위인들도 이처럼 매화를 사랑했다.

전통적으로 매화는 달을 상징한다. 회화에서는 차가운 겨울의 보름달을 배경으로 꿋꿋하게 선 매화를 격조 높은 소재로 여겼다. 둥근 보름

달과 함께 그려진 설중매는 그 자체가 명작이다.

현존하는 최고의 매화 그림은 고려 태조 왕건 능의 벽화이다. 매화와 함께 대나무, 소나무를 섞어 그린 이 벽화는 당시에 이미 매화를 가꾸는 일이 상당히 성행했다는 것을 말해준다. 고려시대 초기에 이미 스님들이나 일부 귀족들 사이에서 매화를 심고 가꾸던 원예 기술이 그 후 일반에게도 널리 퍼져 민중 가까이에서도 사랑받게 되었다.

매화는 낙화도 아름답다. 낙화의 아름다움을 즐기기 위해 정원에 심는 꽃나무는 살구나무, 복사나무, 자두나무, 벚나무 등 장미과 나무들이 대표적이다. 화사한 꽃도 좋지만 떨어지는 꽃잎도 아름답다. 그중에서도 매화의 낙화야말로 문장가라면 누구든 한두 편의 시를 남겼을 정도다. 봄날 지면을 가득 덮은 새하얀 꽃잎은 눈처럼 맑고 깨끗하다. 낙화의 순결을 범할 수 없었던 선인은 공작 깃털로 꽃잎을 쓸어 좁은 길을 내었다고 하는데 하물며 속인이 어찌 꽃잎을 무심하게 밟고 지날 수 있었을까.

매화는 네 가지 고귀한 성품을 지니고 있다고 알려져 있다. 함부로 번성하지 않아 희소가치가 있으며, 어린 나무라 할지라도 가지가 옆으로 퍼져 고태가 있다. 줄기는 비대하지 않고 날렵하며, 한꺼번에 활짝 피지 않고 반쯤 개화한 것이 헤프지도 않다.

여러 빛깔의 매화 중 빛깔이 짙은 홍매보다 흰빛의 백매를 더욱 격조 높은 것으로 여긴다. 그중에서도 꽃받침이 연한 녹색인 백매를 으뜸으로 친다.

전통적으로 동양에서는 모란을 '화중지왕(花中之王)'으로 받들며 꽃 중의 꽃으로 숭상했다. 그러나 모란은 매화에 비해 너무 화려해서 선비의 기질에 맞지 않는다고 여겼다. 그래서 옛 선비들은 모란의 농염(濃艶)보다는 매화의 냉염(冷艶)을, 모란의 이향(異香)보다는 매화의 암향(暗香)을 사랑했다.

매화나무는 실용적이기도 하다. 매화의 열매인 매실은 술을 담가 마시거나 매실청으로 가공해 먹었다. 미숙과를 간장이나 된장에 절이면 장아찌가 되고, 독에 저장하여 식초로 만들어 조미료로 사용했다. 일본에서는 소금에 절일 때 소엽의 잎을 함께 넣는다. 이렇게 하면 소엽의 붉은 색소가 물들어 '우메보시'라는 매실 장아찌가 된다. 매실의 씨를 빼고 꿀에 졸이면 매실정과가 된다.

매화의 꽃봉오리도 좋은 식재료다. 꽃봉오리를 모아 말렸다가 뜨거운 물에 우려내면 매화차가 되는데 매화차를 마시면 매향을 혀끝에서도 맛볼 수 있다. 또 매화를 베주머니에 싸서 술 항아리에 넣었다가 꺼내어 마시는 술을 매화주라 하여 봄을 온 몸으로 느끼기에 충분했다.

매화나무는 남부지방에서 자라는 식물로 추위에 약해 한반도 전역에서 쉽게 보지 못하는 건 아쉬운 일이다. 그런 매화를 서울 창경궁의 금천교 주변에서 만날 수 있어 더욱 신비롭다.

다시 올 봄에는 '탐매 여행'을 떠나 매화의 고운 자태에 흠뻑 빠져보고 그 기개도 닮아 보자.

도시 숲의 백미, 창경궁

도시에 사는 현대인이 숲을 찾으려면 적어도 몇 시간 운전하는 수고를 해야 한다. 숲은 더 말할 나위 없이 우리에게 많은 것을 선사하지만 그만큼 접하기는 쉽지 않다. 그래서 많은 도시인들은 가까이에 있는 도시 숲을 갈망한다.

창경궁은 이러한 필요에 가장 적절한 해답이다.

많은 사람들의 기억 속에 창경궁은 벚꽃놀이의 명소로 알려진 곳이다. 일제는 1909년 조선왕조의 궁궐을 훼손하기 위해 창경궁에 동물원과 대온실 그리고 춘당지를 만들고 벚나무를 대대적으로 심었다. 이름도 창경원으로 바꾸고 유원지로 만들었다. 이후 창경궁은 역설적이게도 연인, 가족 나들이와 수학여행의 단골 명소가 되었다.

1984년에 들어서야 창경궁 복원은 시작된다. 동물원을 지금의 경기

도 과천시 소재 서울대공원으로 이전하고 창경원에 무수히 많이 식재되었던 벚나무들을 뽑아내어 지금 여의도 국회의사당 주변 윤중로로 옮겼다. 그 후 비워진 자리에 한반도 중부지방 대표 수종을 심었으니 슬픈 역사를 간직한 창경궁은 비로소 도심 가까이에서 다양한 나무들을 쉽게 만날 수 있는 지금처럼 훌륭한 도시 숲으로 재탄생되었다.

계획적으로 새로 심은 나무로 인해 서울 5대 궁궐 중에서 나무 종류가 가장 많다. 최근 조사에 의하면 창경궁에는 교목 95종 5,789그루, 관목 78종 48,879그루로 약 55,000그루의 나무가 있다. 수종이 다양하여 사계절 모두 아름다움을 선사한다. 한반도에만 존재하는 1종 1속의 희귀식물인 미선나무도 창경궁에서 만날 수 있다.

창경궁은 창덕궁과 합쳐서 동궐이라고 한다. 19세기 초에 그려진 것으로 추정되는 국보 249호 《동궐도》에 상세한 궁궐 배치 그림이 남아 있다. 2백여 년 전 당시 궁궐에는 어떤 나무를 심고 가꾸었는지를 짐작하기에 모자람이 없는 귀중한 자료다. 《동궐도》와 비교하면서 현재의 창경궁을 살펴보는 것도 매우 흥미로운 공부거리다.

봄이면 창경궁 곳곳에서는 소나무 사이사이에 갓 잎이 피기 시작하여 길게 늘어진 버들이 유난히 눈에 띈다. 옥천교 주변은 형형색색의 꽃으로 만개한 홍매화, 살구나무, 앵도나무, 자두나무로 별천지다. 궐내각사 방향과 춘당지 주변에는 철쭉, 진달래, 백당나무, 미선나무, 히어리, 황매화 등으로 어느 유명 공원 부럽지 않은 아름다움을 연출한다.

여름이면 회화나무와 느티나무의 무성한 잎들과 배롱나무의 화려한 꽃들로 이 또한 장관이다. 창경궁은 가을 단풍 명소로도 부족함이 없다. 창경궁을 복원하면서 단풍나무를 일부러 많이 심어 궁궐 단풍의 백미다. 서울 도심에 있어서인지 단풍 드는 시기가 다른 곳보다 조금 늦어 11월 중순을 넘겨야 절정을 이룬다. 겨울에는 눈 덮인 춘당지 주변에서 호젓하게 한국 정원의 단아한 아름다움을 느끼기에 좋다.

이렇듯 창경궁 숲은 사계절 내내 우리들 가까이에서 자연의 건강과 아름다움을 선사한다. 창경궁을 제대로 느껴보려면 계절을 달리하여 적어도 1년에 5회 이상 방문하여 변화를 느껴보는 것을 추천한다.

창경궁 숲에는 1984년 이후 새로 심어진 나무 외에도 500년 이상 된 느티나무와 회화나무, 300년 이상 된 주목과, 황철나무 그리고 자주 접하기 힘든 백송 등 조선 역사와 함께한 오래된 나무들이 많다.

이중 대표적인 관람 포인트를 몇 가지 소개하면 선인문 주변에 기이한 형태로 자라고 있는 회화나무다. 이 나무는 400년 이상 된 나무로, 1762년 임오화변 당시 뒤주에 갇혀 8일간의 무더위 속에서 죽어간 사도세자와의 일화로 유명하다. 아버지 영조에 의해 죽임을 당한 사도세자의 한이 나무의 형태를 지금처럼 비틀게 했다는 것이다. 기형의 회화나무는 사도세자의 주검이 나간 선인문 주변에 있으니 호사가들의 소재가 되기에 충분해 보인다.

궐내각사 초입에 있는 500년 이상 된 또 다른 회화나무도 흥미롭다.

원래 회화나무는 궁궐의 권위를 상징하는 나무다. 그 기원은 주나라 때 삼괴구극(三槐九棘)이라 하여 조정의 외조에 세 그루의 회화나무를 심고 3정승에 해당되는 삼공이 이에 마주보고 앉았다는 주례에서 기원한다. 또 좌우에 각각 아홉 그루의 대추나무를 심어 고관들이 둘러앉았다고 한다.

창경궁 궐내각사 초입의 회화나무는 긴 세월을 보여주듯 어른 세네 사람이 들어가도 될 정도로 속을 비우고 있다. 그럼에도 신기하게도 웅장한 자태로 창경궁 대표 수종으로 위풍이 당당하다. 자신의 속을 비웠기에 큰 키를 버티고 서 있는 회화나무를 보면서 비움의 철학을 생각해 본다.

또 다른 나무는 7, 8월에 한창 아름다운 꽃을 피우는 배롱나무다. 궐내각사 지역에서 회화나무와 마주보고 있다. 아름다운 배롱나무의 명소로 알려진 담양 명옥헌, 논산 명재고택, 안동 병산서원 전주 경기전 대신 도심 가까이에서 아름다움을 뽐낸다.

춘당지 방향으로 발길을 돌려 백송 3그루도 만나보자. 백송은 중국 중북부 지역이 원산지인데 창경궁 백송은 중국을 왕래하는 사신들이 묘목을 가져다 심은 것으로 보인다. 백송은 나무껍질의 색깔이 어릴 때는 회녹색이다가 자라면서 껍질이 계속 벗겨지면서 점점 회백색으로 변해 간다. 백송으로 유명한 곳은 천연기념물 제8호로 500년 이상 된 서울 재동 백송인데 우리나라에서 가장 깨끗한 흰색을 보여주는 백송이다.

창경궁 3그루 백송의 특이한 점은 다 나이가 달라 수피의 색깔이 청년기 회녹색부터 백색의 장년기 노송을 동시에 비교하면서 볼 수 있다는 점이다.

창경궁 숲에서 가장 나이가 많은 나무는 춘당지 서쪽 창덕궁 담 주변에 있는 500년 이상 된 느티나무다. 이 나무 주변은 궁 안세도 산속 숲처럼 아늑하여 잠시 시간을 내어 사색하면 마음의 위안이 될 것이다.

이외에도 함인정 남쪽 300년 된 주목과 150년 된 향나무도 좋은 볼거리다. 아쉽게도 주목은 몇 년 전 고사하여 지금은 형태만 유지하고 있지만 그 자태는 여전히 신비롭다. 최근에는 유명대학교 교문과 비슷한 모양 때문에 수험생들의 인증샷 명소다.

여름에는 황철나무도 좋다. 창경궁에는 100년 이상 된 황철나무 2그루가 궐내각사 관천대 주변에 있는데 높이가 30미터 정도 자라는 큰키나무로 꽃은 암수딴그루이며 5월경에 황색의 꽃이 잎보다 먼저 핀다. 동그란 열매가 여름에 익는다.

시간의 여유가 있다면 춘당지를 지나 창경궁 북쪽 끝에 있는 대온실도 들러 보자. 각종 분재가 잘 가꾸어 지고 있는데 애호가들은 사진 찍기에 바쁘다. 보기 힘든 극락조화, 아네모네도 만날 수 있다.

창경궁은 본래 상왕으로 물러난 태종 이방원의 처소로 세종이 지은 수강궁 터에 성종 14년 세조비 정희왕후, 세조의 장남이었으나 일찍 죽어서 추존된 덕종비 소혜왕후 즉 인수대비와 예종비 안순왕후 세 분의

대비를 위하여 지은 여인의 궁궐이다.

창경궁을 짓고 난 다음 해인 성종 15년(1484) 임금은 장원서의 노비들을 동원하여 궁 안이 들여다보이지 않게 빨리 자라는 버들을 심으라고 한다. 《동궐도》를 보면 창경궁의 여러 곳에 능수버들이 그려져 있다. 능수버들이 지금도 창경궁 곳곳에 많은 이유다. 좋은 의미로는 사생활 보호를 위한 배려였으나 궐내 여인들에게는 바깥세상과의 완전한 단절은 아니었을까.

조선 궁궐 조경은 자연 순화의 원칙을 고수한다. 일본이나 중국처럼 인위적이지 않고 있는 그대로의 자연을 표현한다. 단순하고 소박하면서도 결코 초라하지 않게 건물과 어울림을 한껏 고양시킨다. 창경궁에서 궁궐 조경원칙을 살펴보는 것도 좋은 포인트다.

조선 궁궐 건축의 미도 감상하고, 숲이 그리우나 멀리 떠나지 못하는 아쉬움을 도시 숲 창경궁에서 달래보면 어떨까.

인도 보리수를 찾아서

석가모니 부처님이 긴 명상 끝에 깨달음에 이르러 부처가 된 곳으로 알려진 곳은 인도 동북쪽의 비하르주에 속한 부다가야이다.

기원전 6세기말 고타마 싯다르타가 오랜 수행 끝에 보리수나무 아래에서 깨달음을 얻은 이곳에는 지금도 마하보디 사원이 유네스코 세계문화유산으로 지정되어 보호되고 있으며 세계 각지에서 수많은 신도들이 방문하고 있다.

석가모니 부처님이 정각을 이루신 곳에는 지금도 보리수나무가 자라고 있으며 그 주변을 중심으로 마하보디 대탑이 조성되어 보존되고 있다. 이곳은 불교신자들에게 가장 신성시 되는 성지이다. 지금도 깨달음에 이르고자 하는 전 세계의 수행자들이 노숙을 하면서까지 기도 정진하고 있는데 그 모습들이 매우 경이롭다.

나무를 연구하는 필자는 평소 석가모니 부처님이 깨달음을 이루신 나무로 신성시되고 있는 그 보리수를 현장에서 직접 보고 싶었다.

인도 보드가야 마하보디 사원으로 가는 길은 지난하다.

한국에서는 많은 불교 신자들이 성지 순례 팀을 이루어 패키지로 가지만 그것도 만만치 않은 긴 여정이리라. 개인은 인도 델리공항에서 바라나시로 간 후 그곳에서 가야까지 간다. 가야는 부다가야보다는 큰 도시로 다시 부다가야를 가기 위해서는 택시나 오토릭샤 등을 이용해야 한다. 패키지 관광버스를 이용하는 대다수 한국 신자들에게는 별 어려움이 없겠지만 개인이 홀로 대중교통을 이용하여 부다가야를 가는 여정은 그만큼 공을 들여야만 가능하다.

부다가야에 도착하여 보리수나무를 만나기 위해서는 마하보디 사원에 들어가야 하는데 검색이 여간 까다롭지 않다. 휴대폰은 반입이 금지되어 보관소에 맡기고 입장해야 한다. 다행이 카메라는 별도의 비용을 지불하고 지참할 수 있다.

마하보디 사원에 입장하면 커다란 마하보디 대탑이 눈에 들어온다. 석가모니 부처님이 깨달음을 이루신 그곳에 기원전 3세기 아쇼카 왕이 보리수나무 밑의 금강좌를 중심으로 불탑을 조성하였는데 이것이 오늘날 마하보디 대탑의 최초 조성이었다.

마하보디 대탑은 높이가 55m나 되는 방추형의 9층탑이다. 5세기 중국의 법현스님이 이곳을 참배하고 남긴 기행문인 〈법현전〉이나 7세기

WEL COME TO MAHABODHI MAHAVIHARA TEMPLE
(WORLD HERITAGE SITE)

이곳을 방문한 당나라 현장스님의 〈대당서역기〉에도 대탑에 대한 기록이 남아 있다.

그러나 11세기에 터키의 침공 후 이곳은 폐허가 되었고 인도에서 불교가 쇠태하자 이 대탑은 힌두사원이 되어 불자들은 참배도 할 수 없게 되었다.

12세기에 이르러서야 미얀마의 왕이 이 소식을 듣고 많은 돈을 주고 이 불탑을 수리할 수 있는 권한을 얻고 나서야 현재의 모습으로 복원되었다.

그러나 18세기까지 마하보디 대탑은 폐허와 복원이 여러 차례 반복되었다. 그러다가 19세기 말인 1883년 영국의 고고학자 알렉산더 커닝햄과 베글라와 인도의 고고학자 라젠드랄 미트랄에 의해 전문적이고 체계적인 발굴과 복원이 이루어졌다.

특히 1893년 미국 시카고에서 열린 세계종교의회에서 불교 성역화 사업을 지속적으로 추진하기로 하고, 이후 간디, 시인 타고르 등이 가세하여 당시 인도 수상 네루에 의해 마하보디 대탑과 마하보디 사원은 힌두교에서 불교성지로 되돌려졌다.

마하보디 대탑 1층은 굴로 된 법당으로 불상이 모셔져 있다. 약 6평 규모의 법당에 모셔진 석가모니 부처님상은 1m 정도의 불단위에 모셔진 본존불이다.

보리수나무는 마하보디 대탑 담장 옆에 있는데 현재의 보리수는 석가모니 부처님 당시 보리수의 5대째 자손에 해당된다고 한다. 스리랑카의 아누라다푸라에 있는 보리수나무의 묘목으로 석가모니 부처님 당시 그 나무의 잔가지에서 기원전 288년에 차례로 번식한 것이란다.

보리수나무, 정확히는 인도보리수(Peepul, Ficus religiosa)는 파키스탄에서부터 미얀마에 걸쳐 자생하는데 특히 인도 중부와 북부에 형성된 물리적, 문화적 경관에 뿌리를 내리고 있는 나무이다. 보리수는 수많은 소설과 영화에서 진정성을 부여하는 배경이 되었고 불교, 힌두교, 자이나교 모두에게 신성시 되는 나무다. '보리수를 찾아간다'는 말은 기도하러 간다는 표현으로 쓰일 정도이다.

수 천 년을 산다고 알려진 인도보리수는 성장이 빠르다. 줄기는 어릴 적에는 부드럽고 희미한 가로줄 무늬가 있다. 나이가 들면서는 조각조각 벗겨져 세로로 홈이 가고 줄기 아래쪽에 지지대가 생긴다. 공기뿌리는 종종 밖으로 빠져나와 다른 식물과 생명을 위한 힘과 안정성, 그리고 쉼터를 더한다.

낙엽성인 보리수는 한겨울에 힘을 떨어뜨린다. 4월에는 새잎이 주홍빛, 구릿빛, 분홍빛으로 생기 약동하는데, 이것은 많은 수종에서 일반적으로 보이는 특징이다.

곤충을 비롯한 초식 동물은 부드러운 어린잎을 선호하므로 잎이 충분히 질겨질 때까지 그 안에 값나가는 초록색 엽록소를 투자하지 않는

나무가 많다. 갓 만들어진 잎이라도 엽록소가 없으면 영양가가 낮아 덜 먹히기 때문이다. 게다가 붉은색은 생산비용이 더 들어도 곤충이 잘 보지 못하므로 먹잇감이 될 가능성이 더욱 낮아진다. 보리수나무의 생존 전략이다.

나무가 성숙해지면서 잎의 윗면은 초록색에 윤기가 돌고 밑면은 좀 더 탁하고 연하게 변한다. 연두색의 두드러진 잎맥은 강렬한 햇살 아래 근사하다.

보리수 잎은 손 크기의 삼각형 또는 하트 모양으로 자란다. 잎에는 인조 가죽 질감이 나고 길고 유연한 잎자루에 달려 있는데 밤이면 가벼운 공기의 움직임에도 서로 부딪혀 괴기스럽게 재잘대는 특유의 소리를 낸다.

보리수 열매는 다른 무화과속 식물처럼 '가짜 열매' 안쪽에 수많은 꽃이 피는 과육성 꽃턱으로 구성되고 작은 말벌이 꽃가루받이를 한다. 열매는 구형에 가깝고 자루가 없이 가지에 직접 붙어 있으며 연두색에서 짙은 보라색을 거쳐 완전한 검은색으로 익는다.

보리수 열매는 체리 크기로 맛은 없지만 사람들은 흉년에는 먹었다. 찌르레기와 박쥐들은 이 열매를 좋아해 보리수 씨앗을 널리 퍼뜨리는데 도움을 준다.

보리수 씨앗은 다른 나무의 움푹 들어간 축축한 구멍이나 담장의 틈새에서 발아한다. 이 때문에 신앙심이 깊은 이들을 난감하게 한다. 나무가 이런 식으로 자라면 나중에 피해를 줄 것을 알지만 신성시 하는 보리

수나무의 어린 싹을 뽑아내진 못한다. 보리수를 잘라내는 것은 성인을 죽이는 것처럼 큰 죄로 여기는 관습 때문이다. 세상에서 이와 같은 금기로 어릴 때부터 보호받는 나무는 드물다.

오랜 고행 끝에 깨달음에 이르러 부처가 된 과정을 지켜 본 나무, 그래서 불교도들에게 깨달음의 나무로 신성시 되는 나무, 그 나무를 인도 부다가야 마하보디 사원에서 직접 볼 수 있어 더 없는 영광이다.

사진으로나마 공유한다.

정자나무, 당산나무

'고향'을 떠올리면 서로 공유하는 점이 사람마다 많이 달라졌다.

도시화에 따라 이제 농촌이 고향인 사람들이 적어졌기 때문이다. 과거 고향하면 농촌이 떠오르고, 동구 밖에서 장에 가신 부모님을 기다리던 아이는 성장하여 그때 위안이 되었던 커다란 나무를 고향과 함께 그리워하곤 했는데 이제 그러한 추억은 소설 속에서나 마주하는 풍경이다.

고향 마을 초입이나 중심에는 큰 나무가 있었다. 마을 사람들이 모여 그 그늘에서 쉬었고 가끔은 어르신들이 모여서 마을 일도 논의하는 공동체의 광장이었다. 그것은 하나의 풍습이 되었고 중심이 된 가장 오래된 나무를 마을 사람들은 자연스럽게 정자나무나 당산나무로 삼았다.

우리나라 마을에서 정자나무이자 당산나무로 가장 많은 것은 단연 느티나무이다. 남부지방이나 섬마을에서는 팽나무도 많았다. 팽나무는 일부 지방에서는 '신목(神木)'으로 여긴 나무이다.

느티나무와 팽나무와 더불어 은행나무도 우리나라 3대 정자나무 중 하나이다.

우리 민족과 함께 마을 공동체의 희로애락을 함께 해온 정겨운 정자나무, 당산나무에 대해 알아보자.

느티나무는 가지가 사방으로 퍼지는 성질이 있어 한군데 모아서 심으면 가지를 뻗지 못해 스스로 죽게 된다. 그래서 군집으로 자라는 것보다 홀로 크게 자란 느티나무를 쉽게 접하게 된다.

느티나무는 상부가 퍼진 형태로 자라기 때문에 무성한 가지와 잎으로 시원한 그늘을 만들어 준다. 우리나라 정자나무의 약 80%가 느티나무인 이유는 이 나무가 만들어 주는 특별한 그늘 때문이다.

시원한 정자나무 밑으로 마을사람들이 모이듯 그 마을에서 가장 크고 오래된 느티나무는 당산나무 역할도 하여 민초들이 속내를 풀어내고 소원을 비는 장소가 되기도 하였다.

농업이 중심이던 시절 공동체 의식이 강한 농민들에게 느티나무는 마을 공동으로 무병장수와 풍년을 기원하는 대동제 공간이기도 하였다. 이런 이유로 오래된 느티나무는 신령이 깃들어 있다고 믿고 마을을 지켜주는 상징으로 보호되어 그 긴 수명을 더 길게 할 수 있었다. 지금도 느티나무는 우리나라 많은 지역에서 보호수로 지정 보존되고 있다.

느티나무에는 여러 가지 크고 작은 전설이 많다. 마을 입구에 있는 느티나무 줄기나 잎을 꺾으면 그 마을에 재앙을 불러온다고 믿었다. 또한 이른 봄에 느티나무의 싹이 트는 모습을 보고 그 해 농사 작황을 예측하기도 하였다. 모두 느티나무를 귀히 여기고 잘 보호하려는 선조들의 지혜라 생각된다.

전라북도 임실군 오수에는 주인을 살린 충견의 이야기가 전해 오는데 자신의 개 덕분에 목숨을 살린 주인이 그 개를 양지바른 곳에 잘 묻어주고 자신의 지팡이를 꽂아 주었는데 세월이 흘러 그 지팡이는 싹을 틔우고 큰 나무로 자랐다는데 그 나무도 느티나무다. 지금도 이 마을에 가면 수백 년 된 느티나무를 볼 수 있다.

느티나무의 껍질은 어릴 때는 반들반들하다가 세월이 흐를수록 거북의 등처럼 갈라진다. 꽃은 4월에서 5월 사이 한 나무에 암꽃과 수꽃이 따로 피고 열매는 10월에 익는다. 어린잎은 나물로 먹기도 한다.

목재는 재질이 뛰어나 건축재와 선박재로 귀중하게 사용되었다.

천연기념물로 지정된 느티나무도 많은데 특히 제주 표선면과 충북 괴산군에는 수령 1,000년이 되는 느티나무가 있으니 주변에 갈 일이 있으면 꼭 보시길 권한다.

느티나무와 함께 마을을 지키는 친숙한 당산나무 중 하나는 팽나무다.

바람이 많이 부는 바닷가 마을의 당산목은 대부분 팽나무였다. 느티나무, 은행나무처럼 오래 살기도 하거니와 짠물과 갯바람을 버틸 수 있는 강인한 생명력을 지녔기 때문이다. 팽나무는 나무의 뿌리가 튼튼해 강풍이나 심지어 태풍에도 잘 견딘다. 그래서 어선이 드나들던 작은 포구에는 팽나무가 꼭 한 그루씩 있었다.

남해 바닷가 마을에서는 팽나무를 포구나무라고 부르기도 했고 지방에 따라 자단수, 청단, 박자수, 목수나무, 달주나무, 편나무, 매태나무라고 다양하게 불리었는데 우리 민족과 그만큼 친숙한 나무임을 뜻한다.

팽나무의 강인함 때문에 선비들도 자신의 정원에 키 큰 나무로 심고 사랑했다.

팽나무는 세상에서 가장 잘 생긴 나무 중 하나이다.

매끄러운 수피, 균형 잡힌 자세, 일정한 굵기, 전체적인 조화가 팽나무의 강점이다. 봄에 피는 꽃은 희미한 은색이라 눈에 잘 띄지 않는다. 열매는 콩알만 하게 달리는데 익으면 황색이 된다. 이 열매에서 팽나무의 이름이 나왔다. 팽총은 팽나무 열매를 총알로 쓰는 아이들의 장난감 총이고 '팽'이 열리는 나무여서 팽나무가 된 것이다.

팽나무는 재산을 가진 나무로도 유명하다. 경남 고성군 마암면 삼락리에 있는 팽나무는 '금목신(金木神)'이라는 이름을 가지고 있는데 논 400평을 재산으로 소유하고 있다. 이 논에서 나온 쌀을 팔아 마을 사람들은 팽나무 앞에서 당산제를 지내고 있다.

감로차의 재료로 사용되기도 한다. 신비롭고 은은한 맛으로 보통 여름에 마시는 것이 좋은데 단풍나무, 개오동, 떡갈나무와 함께 깨끗이 씻

은 잎을 잘 말린 다음 차로 마시면 당뇨나 혈압에도 좋다고 하여 요즘은 사찰에서 뿐만 아니라 일반인도 즐긴다.

제주도 현경면 조수리와 낙천리 올레길에서 만난 수령 400년과 140년이 된 보호수 팽나무의 넉넉하고 아름다운 자태는 지금도 눈에 선하다.

불교와 함께 우리나라에 들어온 은행나무는 중국이 그 원산지인데 가로수나 사찰 등에서 흔히 볼 수 있으며 느티나무와 팽나무와 함께 우리나라 3대 당산목이다.

전남 담양군 봉안리에 있는 은행나무는 나라에 변고가 있을 때마다 서럽게 운다는 일화가 전해온다.

경기도 양평 용문사에 있는 은행나무는 우리나라에 생존하는 은행나무 중 가장 나이가 많다. 크고 우람하며 수령 1,100년을 자랑한다. 높이

60여 미터에 줄기 둘레가 13여 미터 남짓으로 동양에서도 가장 큰 은행나무이다.

용문사의 은행나무는 그동안 수차례의 전란 등으로 고초를 겪었지만 무사하여 '천왕목(天王木)'으로 불리기도 한다.

10월경에 익는 은행나무 열매는 껍질에 유독 성분이 있고 종자에는 생물성장호르몬인 키토신 성분이 있어 약으로 사용된다. 뿌리는 허약체질 개선으로 복용하며 잎은 타닌 성분을 포함하여 20여 개의 유용한 성분이 있어 양약의 재료로도 사용된다.

용문사의 은행나무 외에 천연기념물로 지정된 은행나무는 많은데, 도심에서는 종로 명륜동의 수령 400여 년 된 은행나무가 가까이서 자주 접할 수 있어서 좋다.

이처럼 우리민족과 가까이서 희로애락을 함께 해온 대표적인 당산나무 느티나무, 팽나무, 은행나무가 이제 그 무성한 잎을 자랑할 여름이다.

화려한 꽃을 찾아 떠나는 여행도 좋지만 큰 어른을 찾아 지혜를 구해 떠나는 마음으로 당산나무의 너른 품을 찾아 떠나 보자.

잊혀 가는 고향의 정겨움, 개인주의가 만연하여 중요함이 사라져 가는 더불어 살았던 공동체 사회를 그리며 그 매개가 되었던 정자목, 당산목을 만나 보자.

큰 나무를 보면서 우리들의 좁은 마음도 살찌워 보는 여름을 맞이해 보자.

백두대간

5월, 이 계절은 온통 아름다운 꽃과 새 잎으로 역동적이다. 집 주변을 떠나 자연을 접하기에 더 할 수 없는 기회이다. 한반도 전역은 새 생명으로 요동친다. 그 중심인 백두대간을 걸어보자.

백두대간은 백두산에서 시작되어 금강산, 설악산, 태백산, 소백산을 거쳐 지리산에 이르는 한반도의 중심 산줄기다. 1대간, 1정간, 13정맥, 10대강으로 이루어진 우리 민족 고유의 지리 인식체계다.

일반적으로 지질구조에 토대한 산맥체계로 구분하나 백두대간은 지표 분수계를 중심으로 산의 흐름을 파악한다. 인간의 생활권 형성에 미친 영향을 고려한 인간과 자연이 조화를 이루는 산지인식 체계인 셈이다.

백두대간에 대한 유래는 백두산의 신성화와 관련이 있다.

단군신화 외에도 10세기 초 고려 승려 도선이 지은 〈옥룡기〉에 "우리나라는 백두에서 일어나 지리에서 끝났으며 물의 근원, 나무줄기의 땅이다."라고 표현되어 있다.

'대간(大幹)'은 이중환의 〈택리지〉에 표현되어 있으며, 백두대간과 백두정간이라는 말은 이익이 〈성호사설〉에서 처음 사용한 것으로 알려져 있다. 백두대간을 체계화한 것은 신경준의 〈산경포〉로 백두산에서 지리산에 이르는 산맥 연결의 상태, 관계, 순서를 알기 쉽도록 일목요연하게 표로 제시하였다.

그러나 일제강점기를 지나 100년 동안은 백두대간이라는 이름이 사라졌고, 1990년대 중반부터 민간단체와 학자들에 의해 본격적으로 백두대간의 자연생태계를 보전하고 민족적, 역사적 가치를 알리기 위해 다각적인 연구가 이루어졌다. 이러한 노력의 결과 2003년 12월에 '백두대간 보호에 관한 법률'이 제정되면서 백두대간에 대한 생태, 역사, 문화 분야의 체계적인 연구와 모니터링과 정책 수립에 대한 토대를 마련되었다.

백두대간은 생물 다양성이 풍부하다. 한반도의 핵심 생태축으로 대륙의 야생 동식물이 한반도로 들어오는 생태계의 이동통로 및 생육서식지이다.

생물 다양성의 공급원으로서 백두대간에 분포하는 생물종은 매우 다양하다. 우리나라 일부 지역의 고유종을 제외한 대부분의 종이 서식하고 있다. 한반도 내 야생동식물의 중요한 서식처이자 보금자리 역할을 하고 있는 것이다.

백두대간은 주요 산들이 자리 잡은 한반도의 지붕이며 한강, 금강, 낙동강 등 주요 하천의 발원지로서 생명력이 시작되고 이어지는 중심지이다.

백두대간의 자연식생은 양호한 산림으로 구성되어 있어 활엽수림이 60%, 혼합림이 30% 정도로 대부분의 산림은 자연림으로 이루어져 있다. 한반도 관속식물 4,881분류군 중 1,867분류군, 멸종위기 야생식물 2급 14분류군, 특산식물 328분류군 중 84분류군, 희귀식물 571분류군 중 107분류군, 기후변화 적응대상 식물 93분류군이 백두대간보호지역 내에 분포하고 있다. 남한 식물의 46.3%를 차지하고 있다.

백두대간에서 우점도가 가장 높은 식물은 46%를 차지하는 지리대사

초이며, 태백제비꽃, 금강애기나리, 금강제비꽃 등 72종이다.

백두대간의 기후대는 고산 기후대부터 난대 기후대까지 여러 기후대가 나타나고 있어서 다양한 식물종과 식생이 분포하여 우리나라의 다양한 생물종의 보고로서 가치가 높다.

백두대간에서 확인된 야생동물은 포유류 36종, 조류 135종, 육상곤충 2,567종, 양서 파충류 32종, 담수어류 38종, 저서성 대형무척추동물 282종이다.

천연기념물로는 포유류인 수달, 반달가슴곰, 산양 등 4종, 어류는 어름치, 열목어 등이 살고 있고 조류는 원앙 등 17종이 있다.

대표적으로 산양은 설악산, 태백산, 소백산, 월악산 국립공원 지역에 서식하며, 수달은 태백산, 소백산, 월악산에서 발견된다. 반달가슴곰은 백두대간에 서식하고 있는 야생동물 중 정점에 있는 동물이다.

백두대간은 천연림이 많이 분포하는 대표적인 산림지대로 산림자원의 비축기지이며 건강과 웰빙에 대한 관심의 증가와 더불어 각종 약용식물과 청정 임산물의 생산지로도 각광받고 있다.

민족정기의 상징이자 귀중한 문화유산의 터전인 백두대간은 한반도 토속신앙과 불교문화가 어우러져 민족 고유의 문화를 형성하고 있다. 주요 산마다 수려한 산림경관을 볼 수 있으며 유서 깊은 사찰이 있다. 문화재도 다수 존재한다. 국보 31점, 보물 273점, 사적 49개소 등 국가지정문화재 523개, 등록문화재 53개 등 다수의 문화재가 있어 백두대간은 우리의 역사성을 유지하고 있는 곳이기도 하다.

대관령, 미시령 등 옛길 9개소, 정령치, 진고개 등 주요 고개 37개소가 있어 과거에 백두대간을 통해 옛사람들의 삶의 모습을 엿볼 수 있는 곳이다.

문화재보호구역은 44개소 2만 99,973ha가 지정되어 있고 천연기념물보호구역은 1개소 24ha가 지정되어 있으며 국유, 사유 등 자연휴양림도 다수 분포하여 지정 관리되고 있다.

남북을 잇는 대동맥으로서 주요 산줄기가 연결되어 있는 백두대간은 백두대간의 중요성이 인식되기 이전인 1970년대에 경제개발을 이유로

백두
1,400Km
금강
설악
현위치
684Km
지리

무분별한 도로, 댐, 리조트 개발 등으로 허리가 잘린 부분이 많아 심각하게 훼손된 상태다.

늦게나마 백두대간의 무분별한 개발을 방지하고 본래의 가치를 유지, 증진하여 미래의 문화자산으로 존속시키고 효율적으로 관리하기 위하여 관련 법률을 제정하여 보호를 위한 법적 장치가 마련되어 있지만 본래의 모습으로의 복원은 여전히 어려운 실정이다.

백두대간 보호지역을 백두대간 중 특별히 보호할 필요가 있다고 인정되어 환경부장관은 산림청장과 협의하여 몇 가지 원칙과 기준을 가지고 보호하는 지역으로 정의한다. 보호지역은 핵심구역과 완충구역으

로 구분하고 핵심구역은 백두대간의 능선을 중심으로 특별히 보호하려는 지역이며 완충구역은 핵심구역과 맞닿은 지역으로서 핵심구역 보호를 위하여 필요한 지역이다.

백두대간보호지역으로 지정할 경우 산줄기가 단절되지 않도록 하거나 생물 다양성이나 서식처 보호를 위해 생태축이 연결되도록 하는 원칙이 담겨 있다.

백두산에서 지리산까지의 백두대간은 분단으로 끊겨져 북쪽지역을 탐방하지 못하는 현실 또한 안타깝다. 언젠가는 통일이 되어 갈 수 있는 날을 기다리며 남쪽지역부터 걸음을 시작해 보자.

신촌 봉원사 느티나무

서울의 신촌 봉원사 경내에는 450년 된 느티나무가 있다. 이곳의 느티나무는 오랜 세월이 지났음에도 여전히 봄이면 연둣빛 싹을 띄워 봄을 장식하고, 가을에는 붉은색 또는 짙은 커피색 단풍으로 지극히 아름다운 풍경을 이룬다.

어떤 느티나무는 아주 샛노란 잎으로 단풍이 들기도 하여 의외로 산뜻한 기분을 되살려 준다.

느티나무에서 매미 소리가 요란하면 한더위다. 나무 아래 자리를 깔고 누워 있으면 바람결에 흐르는 매미 소리와 함께 금세 잠에 빠진다. 예나 지금이나 여름의 휴식처로 느티나무만 한 것이 어디 있겠는가. 시원한 느티나무 아래에 있으면 나른한 졸음이 오고 잠깐이나마 노동에서 오는 피로를 풀기에도 좋다.

느티나무는 우리 민족에게 정자목으로 맞춤이었다. 느티나무는 상부가 퍼진 형태로 자라기 때문에 무성한 가지와 잎으로 시원한 그늘을 만들어 준다. 우리나라 정자나무의 약 80%가 느티나무인 이유는 이 나무가 만들어 주는 특별한 그늘 때문이다.

시원한 정자나무 밑으로 마을사람들이 모이듯 그 마을에서 가장 크고 오래된 느티나무는 당산나무 역할도 하여 민초들이 속내를 풀어내고 소원을 비는 장소가 되기도 하였다. 서양에서 월계수를 신성시하듯 한국에서는 느티나무를 신령한 나무로 받든다. 때로는 영목(靈木)으로, 귀목(貴木)으로, 신목(神木)으로 으뜸인 나무다.

「산림경제」를 보면 "느티나무 세 그루를 중문 안에 심으면 세세부귀를 누린다. 신방 서남간에 심으면 도적을 막는다."고 실려 있다. 그래서인지 마을마다 한두 그루의 큰 느티나무가 심어져 있기 마련이었다.

금기와 전설도 갖가지다. 옛날부터 잎이나 가지를 꺾으면 노여움을 사서 재앙을 입는다고 하여 얼씬도 못하게 하였다. 이것이 아름다운 나무 모양과 긴 수명을 유지시킨 비결이 되었으리라. 전설을 만들어 금기로 함부로 베지 못하게 한 지혜이다.

봄에 느티나무에 일제히 싹이 트면 풍년이 들고 그렇지 못하면 흉년이 든다고 예언하기도 했다. 위쪽에서 먼저 싹이 트면 풍년이고 아래쪽에서 먼저 싹이 트면 흉년으로 보기도 했다. 밤에 나무에서 광채가 나면 동리에 행운이 온다고 여겼고 나무에서 우는 소리가 나면 불행이 온다고 믿어 두려워하기도 했다. 그래서 사람들은 노거수인 느티나무 앞에서 정월 보름에 제사를 지냄으로써 마을의 무사안녕을 빌었다. 전염병이 유행하면 제사를 올려 병마와 액운을 물리쳤다. 대부분의 느티나무 노거수에는 이처럼 제각기 전설이 깃들어 있기 마련이다.

느티나무가 있는 마을에서 태어난 위인의 이야기가 얽혀 있거나 나무를 심은 사람을 신격화하기도 했다. 퇴계 이황의 경우 뜰에 심은 느티나무 줄기가 시드는 것을 보고 앞으로 자신에게 곤란한 일이 닥칠 것을 예감하기도 했다고 한다. 예감은 적중하여 후에 을사사화에 연루되어 파직되었으나 다행히도 복직되었다. 느티나무와의 교감을 통해 앞일을 예견했던 셈이다.

느티나무는 5월에 잎겨드랑이에서 녹색의 꽃이 피고 열매는 가을이면 익는다. 그러나 모두가 녹색이어서 주의해서 보지 않으면 눈에 잘 띄지 않는다.

느티나무의 매력은 가을의 단풍이다. 보통 노랗게 단풍이 드는 것이 많지만 개체에 따라 선명한 붉은 색으로 물드는 것도 있다. 이런 개체를 잘 선발하여 심고 가꾸면 가로수, 공원용수, 조경수로 좋다.

느티나무는 결이 고와서 고급 가구를 만드는데 더할 수 없이 좋은 목재다. 불상도 만들고 집의 기둥과 가구의 재료가 되었다. 흔히 볼 수 있는 나무뿌리로 만든 큰 탁자는 대부분 느티나무 줄기와 뿌리가 만나는 부분의 목재로 만든 것이다.

식용으로도 이용하였다. 유득공의 『경도잡지』에는 4월 초파일 풍습에 느티떡을 해 먹는다고 적혀 있다.

"손님을 초청해 모셔 놓고 음식을 대접한다. 느티떡, 볶은 콩, 삶은 미나리 등을 내놓는다. 이를 두고 부처님 생신날 먹는 맨밥이라 한다."

고기를 일체 먹지 않는 사찰에서 느티나무, 느릅나무, 시무나무 같은 싹을 따다가 쌀가루에 비무려 떡을 쪄 먹었던 것이다. 4월 초파일경이면 느릅나무과의 식물들의 새싹이 돋아난다. 떡타령에는 4월에 먹는 떡을 느티떡이라고 했다. 느티나무, 느릅나무 싹은 이때 가장 부드럽고 향기로웠다. 이 떡타령을 보면 제철에 나는 여러 가지 것들을 데치고 말려서 떡을 해 먹었다는 것을 알 수 있다.

사월 파일 느티떡에
오월 단오 수리취떡
유월 유두 밀전병이라
떡 사시오 떡 사시오

전한의 회남왕 유안이 쓴 『회남자』에는 느티나무를 9월의 나무에 넣었다. 계절마다 나무 한 가지씩을 선정했는데 1월 버드나무, 2월 살구나무, 3월 자두나무, 4월 복사나무, 5월 느릅나무, 6월 가래나무, 7월

소태나무, 8월 산뽕나무, 9월 느티나무, 10월 박달나무, 11월 대추나무, 12월 상수리나무다.

과거 전라북도 전주성 주위에도 느티나무 고목이 많았던 것 같다. 석북 신광수는 그의 시 '전주 남문루'에서 다음과 같이 노래했다.

> 성을 끼고 선 느티와 버들에 보슬비 내리고
> 성 위 높다란 누각으로 제지가 날아든다

봄철 그 화려했던 꽃들이 떨어지면 신록의 느티나무 밑을 찾게 된다. 한여름의 그늘은 역시 느티나무 밑이다. 시원한 그늘에서 듣게 되는 매미 소리 또한 느티나무여야 운치를 더한다.

천연기념물로 지정되어 보호받고 있는 느티나무도 많다. 은행나무 19건, 소나무 17건에 이어 세 번째로 많이 지정되었다.

나무와 나무는 서로 어우러져야 잘 자라는 것이 있는가 하면 가까이 있으면 양쪽 다 자라지 못하는 것도 있다. 느티나무와 머루덩굴은 궁합이 잘 맞는 식물로 알려져 있다. 느티나무에 기어오른 머루덩굴은 많은 열매가 달리고 세력도 좋다. 머루는 느티나무에 의지해 사는 대신 다른 덩굴식물이 가까이 오지 못하도록 강력한 물질을 품어낸다고 한다. 느티나무와 머루덩굴이 어떤 계약이라도 맺었는지 흥미롭다.

봉원사 경내가 아늑하고 한적하게 느껴지는 것은 느티나무 같은 노거수가 우거져 있고, 사찰임에도 숲이 잘 발달되어 있기 때문이다. 느티나무 새싹이 돋아나는 신록의 계절은 희망이요. 여름의 짙푸른 녹음은 온 몸을 시원하게 한다. 게다가 줄기차게 울어 대는 매미들의 합창은 폭포 소리처럼 웅장하면서도 귓속에 남은 소음 찌꺼기들을 씻어 내린다.

가을은 가을대로 멋있다. 단풍이 들면 봉원사는 더욱 더 큰 사유의 공간이 된다. 붉게 물든 잎들이 하나 둘 떨어질 때마다 속세의 번민도 하나 둘씩 내려놓을 수 있을 것만 같다.

봉원사 느티나무도 끝내 모든 욕망을 떨쳐 버리고 나목으로 돌아가 긴 겨울을 준비한다. 나목이 된 느티나무, 그 자체로 우리의 마음을 흔든다.

서울 신촌 봉원사에는 고향 마을처럼 느티나무가 우리를 기다리고 있다.

한국의 가로수

여름이면 사람들은 뜨거운 태양을 피해 그늘이 그리울 것이다. 적은 바람이라도 간절할 것이다.

나무에게 여름은 자신의 몸집을 크게 키울 기회이다. 봄에 꽃을 피우고 자손을 번식할 생식성장을 했다면 여름을 통해 자신의 잎들을 크게 키우고 가지와 줄기도 한껏 키우는 영양생장을 할 기회를 갖는다.

덕분에 인간은 더운 여름, 나무가 제공하는 시원한 그늘 아래에서 노동으로 지친 몸을 쉬었고 긴 여정의 다리쉼을 하였다. 이러한 나무들은 마을 중심의 정자나무 뿐만아니라 사람들과 차가 자주 오가는 신작로의 가로수로 선택되어 오늘까지도 사랑을 받고 있다.

우리나라 가로수의 시초는 느티나무, 소나무, 은행나무인데 보통 이정표의 기능을 위해서 마을 입구에 심어졌다. 지방에 따라 그 지방을 상징하는 대표 수종을 선정하기도 하지만 최근에는 가로수를 선정할 때 가장 고려해야할 요소가 환경정화능력이다.

감태나무, 메타세쿼이어, 물푸레나무, 찰피나무, 자작나무, 칠엽수가 환경정화능력이 큰 나무들이다.

전라남도 담양군이나 전라북도 진안군에는 가로수 명품 길이 있는데 이곳에 심어진 나무는 메타세쿼이어다.

메타세쿼이어는 어린잎이 깃털처럼 부드럽고 수형도 아름답기 때문에 멋진 가로수로 제격이다. 이 나무는 잎 모양이 낙우송과 비슷하여 간혹 혼동하는 경우도 있는데 낙우송 잎은 어긋나는 방식이지만 메타세쿼이어는 잎이 마주나기로 다르다.

메타세쿼이어는 학교나 관공서 풍치수로 어울리고 국도와 지방도의 가로수로도 손색이 없는 나무이다. 우리나라에 본격적으로 보급된 것은 1950년대 이후로 짧은 기간이지만 지금은 전국 각지에 명품 메타세쿼이어 가로수길이 많이 생겼다. 이 나무의 생장 속도만큼 빠르게 전파된 결과다.

메타세쿼이어는 햇빛을 좋아하기 때문에 양지바른 곳에 심어야 한다. 반그늘에서는 성장이 더디거나 불량하다. 어린 묘목은 벌레가 생기지 않고 한번 심으면 별 탈 없이 잘 자라 관리에 용이하지만 35m까지 높이 생장하므로 빌딩이 많은 도심지의 가로수 보다는 지방의 도로에서 마음껏 자라게 심으면 더 좋다. 추위에도 비교적 강하고 강풍에도 넘

어지는 일이 없어 방풍림으로도 적당하다.

서울에서도 양재천변에 가면 멋진 메타세쿼이어 길을 가까이서 볼 수 있다.

플라타너스는 우리나라 말로 '버즘나무'라 불리고 열매가 방울처럼 생겼다 하여 '방울나무'로도 불린다.

유럽과 서아시아가 원산지인 플라타너스는 가로수 수종이 개발되지 않았던 시절에 우리나라 가로수로 권장되었던 나무이다. 당시 미국에서 수입한 양버즘나무를 도로가에 많이 심었다.

플라타너스는 햇빛은 물론 반그늘에서도 생장이 양호하다. 추위에도 강해서 우리나라 곳곳에서 자라며 수분이 많은 비옥토를 좋아하지만 건조한 땅에서도 잘 적응한다.

플라타너스가 가로수로 사랑받은 이유는 공해에 강하고 공기정화능력이 탁월하기 때문이다. 더구나 생장속도가 빠르고 뿌리를 내리는 힘도 강해 손쉽게 재배할 수 있어 널리 보급되었다. 최근에는 플라타너스가 병충해가 많은 나무로 밝혀져 가로수로 점차 사라지는 추세이다.

한여름 뙤약볕 아래 등하교 길, 플라타너스의 넓은 잎으로 해를 가리며 깔깔 거렸던 어린 시절이 떠오른다.

서울 종로 대학로하면 마로니에가 생각난다. 마로니에, 즉 칠엽수가 무성했던 종로 거리.

칠엽수는 잎이 손가락처럼 5~7개로 나뉘어져 붙여진 이름으로 일본에서 들여온 나무로 알려진다.

주로 정원수나 가로수로 심으며, 꽃의 향기로 벌들을 불러 모은다. 칠엽수의 어린 묘목은 체구에 비해 잎이 커다랗기 때문에 약간 기형적으로 보이지만 잘자라면 30m 높이까지 자라는 거목이다. 그래서 큰 길의 가로수 뿐만아니라 큰 빌딩이나 공원의 관상수로도 좋다.

우리나라에서 자라는 칠엽수 대부분은 일본에서 건너 왔는데 마로니

에 나무라고 부르기도 했다. 그러나 유럽의 여러 나라들, 특히 프랑스 파리의 가로수로 쓰인다는 서양칠엽수 마로니에는 우리나라 칠엽수와는 학명도 다른 나무이기에 혼동하지 않길 바란다.

감태나무는 높이가 5m 안팎으로 자라는 작은 키 나무지만 작은 도시의 가로수로 손색이 없는 나무이다.

잎은 광택이 나고 향기도 좋아 정원수로도 잘 어울린다.

감태나무는 그늘보다는 햇빛에서 잘 자라는 양수로 추위에 약해 주로 중부이남지방에서 잘 자란다. 공해와 소금기에도 강해 도시는 물론 해안가에도 좋다.

토양은 가리지 않는 편으로 기름지지 않은 토양에서도 잘 생육한다.

키 높이가 낮기 때문에 가정에서 묘목으로 키울 수 있고 종자 번식은 가을에 수확한 종자를 모래와 섞어 땅 속에 저장한 뒤 이듬해 봄에 파종한다.

물풀레나무는 가지를 물에 담그면 물 색깔이 파랗게 변한다고 해서 붙여진 이름이다. 우리나라에서는 목재 생산과 약용을 목적으로 물푸레나무를 심었고 목재는 재질이 좋아 운동기구나 농기구, 악기의 재료로 활용되었다.

물푸레나무는 햇빛과 비옥한 토양을 좋아하고 추위에 강하다. 습기도 좋아해 하천가에서도 잘 성장한다.

경기도 파주군 적성면에 가면 수령 150여 년에 높이가 15m인 천연기념물로 지정 보호되고 있는 물푸레나무를 볼 수 있다.

자작나무는 잎이 넓적하고 회색의 나무껍질이 잘 벗겨져 쉽게 알아볼 수 있는 나무이다. 잘 벗겨지는 껍질 때문에 상처투성이 나무로도 불리지만 목재는 품질이 좋아 건축, 조각, 펄프, 가구용으로 사용된다.

자작나무는 추위에 강한 나무로 우리나라에서는 중부이북지방의 잘 자라는 나무이다. 조림수로 권장되어 자작나무 명품 숲이 많다. 강원도 인제군 원대리 자작나무숲, 강원도 태백시 운탄고도 지지리골, 경북 영양군 죽파리숲, 경기도 양평군 서후리숲에서 순백의 자작나무가 선사하는 이국적인 풍경에 빠져보자.

자작나무는 가로수로도 좋은 수종이며 특히 호숫가나 강변에도 잘 어울려 수경조경에도 권장할만한 나무이다.

공해와 자주 접하는 도로 환경 때문에 세계적으로 권장하는 가로수 수종들은 대부분 공해에 강하거나 건조함에 강한 나무들이다. 하지만 최근에는 자동 물 공급 시설 등 재배 기술 발달로 조경수로 가치가 있는 나무들로 가로수의 영역이 점차 넓혀지고 있다. 산벚나무, 이팝나무, 산사나무, 팽나무, 배롱나무 등을 주변 거리에서 쉽게 보게 된 이유다.

이제 여름, 거리의 가로수는 한층 더 그 잎이 무성할 것이다.

평소 무심히 지나쳤던 가로수.

걸어가면서도 좋고, 차로 이동하면서도 좋고 그 당당하고 의연함에 애정 어린 눈길을 보내 보자. 어쩌면 그가 당신에게 위로의 답을 줄지도 모르잖은가.

사찰의 나무들

한국에서 숲과 함께 연상되는 것은 사찰이다. 명산과 유명한 절은 함께 해 왔다.

불교와 관련된 나무들을 생각할 때 맨 먼저 떠오르는 나무는 석가모니 부처님과 관련된 보리수나무다. 깨달은 자의 나무로 신성시 되는 보리수나무, 이외에도 우리나라 절에 많이 심어지고 불자들이 사랑하는 나무들을 살펴보자.

염주의 재료가 되는 나무들, 스님들이 나물 등 먹거리를 위해 심었던 나무들이 사찰로부터 시작하여 일반인에게도 널리 애용되기 시작한 나무들, 불두화처럼 사찰 조경용으로 애용되는 나무들이 그것이다.

이중 보리수나무는 사람들이 많이 혼동하는 나무 중 하나인데 먼저 피나무과에 속하는 중국이 원산지인 보리수(菩提樹)가 있다. 그리고 인도

보리수와 서양 보리수가 있는데 이중 '인도 보리수'는 석가모니 부처님이 이 나무 아래에서 깨달음을 얻었다는 나무이고, '서양 보리수'는 슈베르트 가곡 보리수로 알려진 나무이다.

이와 더불어 우리나라에서 자생하는 보리수나무는 학명이 'Elaeagnus umbellats'이고 한자명도 포리수(甫里樹)로 인도 보리수와 전혀 다른 나무이다.

중국 원산지의 피나무과 보리수는 열대성 상록의 인도 보리수의 대용이 된 나무이며 스님들이 사찰 주변에 심으면서 이 나무에서 열리는 '보리자'라는 열매로 염주를 만들기도 하였다. 그래서 식물학자들은 같은 이름의 보리수나무와 혼동을 피하기 위해 '보리자나무'라고 구분 짓는다.

한국에서 자생하는 보리수나무는 10월에 붉은색의 장타원형의 열매가 열리며 열매는 약용으로 사용하였다. 나무의 높이는 대략 4m 정도로 토양과 햇빛만 좋으면 잎도 울창하게 자라며 수종도 다양하여 유사종이 60여 종에 이른다.

다음으로 사찰에 조경용으로 많이 심는 불두화는 부처님의 머리를 닮았다고 불교도의 사랑을 많이 받는 나무이다.

불두화(佛頭花)는 이름에서도 느껴지듯 불교나 사찰이 연상되는 나무이다. 5월에 산방차례방식으로 피는 흰 꽃의 무리는 마치 하나의 큰 꽃처럼 보인다.

불두화가 사찰과 연관된 이유는 흰색 꽃이 부처님오신날을 전후로

하여 필 뿐 아니라 꽃 모양이 부처의 두상을 닮았기 때문이다.

그런데 불두화 꽃은 특이하게도 향기가 없다. 또한 무성화로 종자번식이 불가능하여 독신 수행하는 스님들과 비유되기도 한다.

불두화는 인동과 낮은 키나무로 어른 키 높이에서 꽃이 피기 때문에 바로 눈 앞에서 꽃을 자세히 관찰 할 수 있다. 꽃이 비교적 귀한 늦봄과 초여름 사이에 꽃을 보고 싶은 사람들은 불자가 아니더라도 관상수로 불두화를 심는 경우가 많다.

유사종으로는 백당나무가 있으며 백당나무는 꽃의 수가 적은 반면 불두화는 꽃의 수가 많을 뿐 아니라 암술과 수술이 없는 무성화 방식으로 꽃이 핀다.

불두화는 종자를 맺지 못해 식물체의 일부를 뿌리와 함께 잘라 내어 심는 포기나누기나 나뭇가지를 잘라 심는 꺾꽂이라 불리는 삽목을 통해서 새로운 개체를 얻을 수 있다.

이에 비해 종자를 맺는 백당나무는 아름다운 꽃과 달리 바닥에 떨어진 잎에서 고약한 냄새가 나는 단점이 있다. 아무리 아름다운 꽃과 열매를 맺는 식물이라 하더라도 장단점은 다 있게 마련이지만 화려한 꽃을 보려는 우리에게는 가까이 하기엔 먼 당신이다.

꽃의 화려함으로 보면 백당나무보다는 불두화가 훨씬 아름답다. 5개의 꽃잎으로 구성된 작은 꽃 여러 개가 원형의 구조물처럼 만들어진 작은 꽃줄기에 달려서 전체적으로는 동그란 축구공이나 눈 뭉치 모양을 하고 있다. 그래서인지 영어 이름도 'snowball tree'이다. 참 친근한 이름이다.

사찰주변에서 자주 보는 나무로 수국도 있다.

봄이 되면 꽃이 화려하게 만발하는 수국은 일본에서 들어온 키 작은 원예품종이다. 잎 모양이 깻잎과 닮아 처음에는 별 호감을 느끼지 못하지만 한번 꽃이 만발하면 사람의 시선을 빼앗기에 충분하다.

수국은 오래 전부터 불교와 그다지 깊은 인연이 없었으나 꽃 모양이 워낙 성스럽기 때문에 사찰 주위에 많이 심어지기 시작했다. 주부들에게도 인기가 높아 화단이나 화분에 많이 심으며 최근에는 큰 나무 밑에 군집으로 심는 경우도 많다.

사찰에서는 보통 대웅전 앞의 계단이나 산책로 주변에 널리 심어 사찰의 정원을 빛낸다. 영주 부석사 정원의 수국은 사찰 조경의 좋은 예라 할 것이다.

수국은 햇빛에서 잘 자라지만 반그늘에서도 잘 자란다. 수국은 토양이나 기후에 따라 꽃의 색상이 달라져 푸른색 꽃이 피거나 붉은색 꽃이 피기도 한다. 번식은 초봄, 초여름, 초가을에 꺾꽂이로 한다.

염주의 재료로 사용되는 나무도 있다.

담팔수는 인도에서 열매로 염주를 만들었다는 나무이다.

사시사철 중간 중간 붉은 빛이 섞인 나뭇잎을 뽐내는 담팔수는 마치 우산을 펼친 것처럼 아름다운 수형을 가진 독특한 나무이다. 주로 중국 남부, 대만, 일본에도 분포하며 우리나라에서는 몇 그루 밖에 없는 희귀종

으로 제주 천지연 폭포 계곡에 천연기념물 제163호로 보호되고 있다.

담팔수의 잎 모양은 긴 타원형으로 싱그러운 가죽 질감을 가지고 있다. 또한 뿌리 껍질은 한방에서 '산두영'이라 하여 약용으로 사용하는데 타박상에 효과가 있다고 한다. 목재는 단단하고 치밀하여 가구재로 사용되고 껍질은 염료로 이용된다. 담팔수 열매는 먹기도 하지만 인도에서는 주로 염주로 사용하였다.

담팔수가 대만, 중국 등을 중심으로 한 따뜻한 지방에서 자생하는 나무라면 피나무과의 우리나라 염주나무는 사찰에서 흔히 볼 수 있는 나무이다.

염주나무는 담팔수와 마찬가지로 열매로 염주를 만들 수 있고 심장형으로 생긴 잎은 여름에 좋은 그늘을 만들어 준다.

염주나무는 추위에도 강해 중부지방에서도 생육이 왕성하고 햇빛을 가리지 않아 반그늘에서도 비교적 잘 자란다. 염주나무는 우리나라 특산나무로 금강산이나 묘향산에 자생지가 있다고 한다.

번식은 꺾꽂이나 접붙이기, 종자법으로 한다.

숲에는 다양한 나무들이 살고 있다. 그 많은 나무를 무턱대고 보는 것도 좋지만 하나의 주제를 가지고 살펴보는 것은 숲과 나무를 좀 더 사랑하는 새로운 동기부여가 될 것이다.

다음에 숲을 방문할 때면 주변에 오래된 사찰도 함께 방문하여 주변 숲과의 조화를 살펴보자. 더욱 풍부한 경험이 될 것이다.

과천 서울대공원

경기도 과천시에 서울대공원이 있다. '서울대공원'이 '과천'에 있다니.

과천 청계산 자락의 드넓은 품에 안긴 서울대공원은 흔히 '동물의 왕국'으로 기억되지만, 그 이면에는 시간을 견뎌온 거대한 초록의 연대기가 흐르고 있다. 이곳의 식물원은 단순히 조성된 공원을 넘어, 우리 근현대사의 굴곡진 여정을 고스란히 품은 역사의 산실이자 도심 속에서 가장 단단한 생태계의 뿌리를 내린 공간이다.

창경원과 남산에서 건너온 초록의 유산

서울대공원 식물원의 역사는 110여 년 전으로 거슬러 올라간다. 그 뿌리는 1909년 일제에 의해 창경궁 내에 조성되었던 '창경원' 식물원

꽃의언덕
서울대공원식물원

에 닿아 있다. 그 후 창경궁의 식물들은 창경궁 복원 사업이 시작되면서 이곳 과천으로 거처를 옮기게 된다.

여기에 남산 제 모습 가꾸기 사업으로 2006년 철거된 '남산식물원'의 식물들까지 합류하여, 서울대공원은 근현대사를 함께 해 온 식물들의 거대한 피난처이자 박물관이 되었다. 수십 년 전 남산의 온실에서 자라던 선인장과 야자수들이 지금도 서울대공원 전시온실 천장을 향해 뻗어 있는 모습은, 이 공간이 가진 역사적 무게감을 묵묵히 증명한다.

1984년 5월 동물원부터 개원한 서울대공원은 동물원과 식물원, 그리고 광활한 숲이 하나의 흐름으로 이어진 공간이다. 여기에 더해 서울대공원의 성격을 완성시키는 또 하나의 축이 있으니, 바로 대공원 둘레길과 산림욕장 길 그리고 치유의 숲이다. 이 길과 숲은 관람의 공간을 넘어 '머무르고 회복하는 자연'으로 서울대공원을 확장시킨다.

먼저 서울대공원 식물원은 앞에서 언급한 것처럼 단순히 새로 조성된 공간이 아니라, 서울 남산식물원과 창경궁 대온실에서 옮겨온 식물들이 뿌리를 내린 한국 근현대 식물 전시의 흐름을 고스란히 품은 장소다.

서울대공원 식물원 전시온실은 열대관, 사막관, 온대관, 식충식물관 등으로 나뉘어 있다.

열대관에 들어서면 커다란 잎을 펼친 몬스테라와 고무나무, 천장을 향해 곧게 자란 야자류가 먼저 시선을 끈다. 습한 공기 속에서 바나나와

파파야, 커피나무 같은 열대 식물들이 자라고 있는데, 이들은 열대우림의 층위를 재현하듯 교목, 관목, 관엽식물, 덩굴식물로 어우러져 있다. 특히 이곳에는 인도보리수도 2그루 자라고 있어 필자에게는 더 없이 반가운 곳이다.

사막관에는 선인장과 다육식물들이 극단적으로 다른 생존 전략을 펼치며 자라고 있다. 잎을 가시로 바꾸고, 줄기에 물을 저장한 채 느리게 성장하는 모습은 생명의 끈질김을 상징한다. 잘 보기 힘든 각종 선인장들의 개화 모습도 여기서는 쉽게 볼 수 있어 시간 내어 방문한 것이 전혀 후회스럽지 않다.

온대관에는 동백나무, 후박나무, 녹나무, 나한송 등 난대 상록활엽수가 전시되어 한반도 식생의 다양성을 보여준다. 이곳의 식물들은 단순한 관상 대상이 아니라, 서울의 식물 문화와 기억을 함께 옮겨온 존재다.

서울대공원 식물원의 특징 중 하나는 '식충식물관'이다. 이곳에서는 파리지옥, 네펜데스, 끈끈이주걱 등 어린이들에게 인기가 많은 식충식물들이 특화되어 전시되고 있다. 서울대공원 식물원은 식충식물의 전시뿐만 아니라 별도의 전문가를 두고 식충식물 재배온실을 운영하는 등 연구에도 몰두하고 있다.

대공원의 4계

전시온실 밖으로 시선을 돌리면 서울대공원은 거대한 캔버스가 된

다. 잘 조성된 수목원이다.

5월과 6월, 테마가든에는 수만 송이의 장미가 뿜어내는 향기가 진동한다. 세계 각지에서 온 진귀한 장미 품종들이 저마다의 색을 뽐내는 모습은 가히 압권이다.

화려한 장미만큼이나 마음을 끄는 것은 길가에 무심한 듯 서 있는 나무들이다. 대공원 호수를 따라 길게 늘어선 왕벚나무들은 봄이면 연분홍빛 터널을 만든다. 서울대공원 벚꽃은 여의도 윤중로 등 여타의 벚꽃 명소들보다도 화려하다.

여름에는 느티나무와 참나무, 팽나무가 짙은 녹음을 드리우며 그늘을 만든다.

여름의 서울대공원 숲은 짙고 깊지만, 그 속에는 의외로 가벼운 장면들이 숨어 있다. 조성된 정원에서는 꼬리풀이 곧게 꽃대를 세운다. 보랏빛 꽃이 위로 차곡차곡 이어진 모습은 단정하면서도 당당하다. 작은 꽃들이 모여 하나의 선을 이루는 꼬리풀은 여름 정원에 질서를 부여하는 존재처럼 보인다.

그 옆에서는 가우라가 바람에 흔들린다. 가늘고 긴 줄기 끝에 달린 꽃들은 마치 공중에서 잠시 머무는 나비 같다. 가우라는 가만히 서 있지 않고 흔들리며 피는 꽃이다. 그 흔들림 덕분에 서울대공원의 여름은 조금 더 부드러워지고, 풍경은 고정되지 않은 상태로 살아 움직인다.

가을이 되면 은행나무의 노란 잎과 단풍나무, 복자기, 화살나무의 붉은 색감이 대공원을 하나의 거대한 색채 정원으로 바꾼다.

겨울에도 대공원은 비어 있지 않다. 소나무와 잣나무, 향나무 같은 상록침엽수는 계절의 공백을 메우며 풍경의 중심을 잡아준다. 바닥에는 맥문동이 남아 있다. 여름에 보라색 꽃을 피웠던 맥문동은 겨울이 되면 꽃 대신 잎으로 존재를 이어간다. 차갑고 단단해진 공기 속에서도 짙은 초록을 유지하는 모습은, 계절을 견디는 식물의 태도를 보여준다.

눈이 내린 날, 맥문동 잎 위에 살짝 쌓인 흰 눈은 겨울 대공원의 가장 조용한 장면이 된다. 화려함은 없지만, 그 자리에 남아 있다는 사실만으

로도 충분하다.

이처럼 서울대공원은 계절마다 다른 빛깔로 우리를 즐겁게 한다. 동물원보다도 식물을 보러 서울대공원을 철마다 자주 방문해야 하는 이유다.

서울대공원 외곽을 감싸는 메타세쿼이아 길은 수직적 미학의 정점이다. 하늘을 찌를 듯 곧게 뻗은 이 나무들 사이를 걷다 보면 도시의 소음은 어느새 멀어지고 산새 소리와 바람에 부딪히는 잎사귀 소리만이 귓가를 채운다.

껍질이 하얗게 벗겨지는 희귀 소나무인 백송은 식물원 입구 근처에서 특유의 고고한 자태를 뽐내며 방문객을 맞이한다.

대공원 이곳저곳에서 나무수국이 탐스러운 꽃송이를 피워 올린다. 백일 동안 꽃을 피운다는 배롱나무 역시 붉은 빛으로 대공원 곳곳에 생기를 더한다.

꽈리 모양의 열매가 열리는 모감주나무와 마을의 수호신이라 불리는 거대한 팽나무 군락지도 대공원 안에서 만날 수 있는 귀한 볼거리다.

숲과 나무를 공부하는 필자는 잠시 서울대공원 식물원에 근무한 적이 있는데, 아침마다 도서관 계단에서 바라보는 대공원 나무들의 변화는 날마다 설렘이었다. 실로 많은 것을 배운 시간이었다. 지금도 1985년 식물원 개원 기념으로 심어져 튼실하게 자라고 있는 느티나무와 전시 온실 입구의 배롱나무 그리고 바람에 실려 오던 계수나무의 달콤한 향기가 그립다.

청계산의 정기를 품은 둘레길과 산림욕장길

서울대공원 식물 탐방은 공원 안에 그치지 않는다. 대공원을 품고 있는 청계산의 원시림을 그대로 느낄 수 있는 둘레길과 산림욕장길은 인위적인 식재보다는 자연 그대로의 숲 생태계가 잘 보존된 곳이다. 서울 근교라 접근성도 좋다.

이 길을 따라 걷다 보면 서울대공원이 '공원'이기 이전에 하나의 숲이라는 사실을 실감하게 된다.

가장 흔하게 만나는 나무는 역시 참나무들이다. 상수리나무, 졸참나무, 굴참나무 등이 울창하게 우거져 있어 다람쥐와 청설모의 훌륭한 터전이 된다. 가을이면 길 위에 떨어진 도토리들이 숲의 풍요로움을 더한다.

산림욕장 깊숙한 곳에는 잣나무 숲이 조성되어 있다. 잣나무에서 뿜어져 나오는 풍부한 피톤치드는 일상에 지친 방문객들에게 천연 보약과 같은 휴식을 제공한다. 굽이굽이 휜 소나무들의 자태는 한국적 숲의 미학을 유감없이 보여준다.

'근육질 나무'라는 별명을 가진 서어나무는 매끄러우면서도 단단한 줄기로 강인한 생명력을 뽐내고, 봄이면 때죽나무가 하얀 종 모양의 꽃을 아래로 떨어뜨리며 숲길을 향기롭게 장식한다.

계절마다 초본식물의 꽃들도 빠지지 않는다. 봄이면 숲 바닥에서는 복수초와 노루귀, 현호색이 짧고 강렬한 시간을 보낸다. 이어 한국 특산종인 변산바람꽃이 가냘픈 줄기 끝에 하얀 꽃잎을 피워내는데, 이들을

만나는 것은 대공원을 찾는 이들에게만 허락된 행운이다. 여름에는 원추리와 벌개미취, 산수국이 숲길에 색을 더하고, 가을에는 구절초와 쑥부쟁이가 마지막 계절을 정리하듯 피어난다.

이 꽃들은 화려함보다 '자연스러움'으로 기억된다. 계획된 전시가 아니라, 숲의 조건이 허락한 자리에서 스스로 피어난 풍경이기 때문이다.

서울대공원에는 치유의 숲이라는 특별한 공간도 있다.

치유의 숲에 들어서면 공기의 밀도가 달라진다. 편백나무와 잣나무, 소나무가 섞여 만들어낸 향은 깊고 부드럽다. 이 숲은 걷기보다는 머무르기에 더 어울린다. 나무 사이 간격이 넉넉해 숨이 막히지 않고, 빛은 잎 사이로 조심스럽게 내려온다.

활엽수와 침엽수가 함께 어우러진 이 숲에서는 계절의 변화가 과장되지 않는다. 봄에는 조용히 잎이 돋고, 여름에는 짙은 그늘이 생기며, 가을에는 서서히 색이 바랜다. 그 느린 속도가 오히려 마음을 안정시킨다. 서울 가까이에서 치유의 숲을 만나는 것은 행운이다.

대공원 숲길은 걷는 이에게 특별한 목적을 요구하지 않는다. 그저 걸으면 충분하다.

숲은 언제나 말을 아낀다. 대신 바람 소리와 잎의 마찰음, 멀리서 들려오는 새 소리로만 존재를 드러낸다. 그 조용함 속에서 사람의 생각도 자연스럽게 정리된다.

계속 진화하는 서울대공원

서울대공원은 동물원과 식물원, 그리고 숲길과 치유의 숲 공간이 하나의 흐름으로 이어지는 곳이다.

창경궁과 남산에서 시작된 식물원의 역사, 과천으로 이전하며 다시 짜인 숲의 구조, 그리고 숲길과 치유의 숲에서 경험하는 느린 걸음은 이 공간을 단순한 관람지가 아닌 '머무는 자연'으로 만든다.

서울대공원을 자주 방문해 보자. 동물을 보고, 식물을 관찰하는 일을 넘어, 나무와 나무 사이를 흐르는 시간 속에 잠시 자신을 내려놓아 보자.

이곳은 지금도 계속 자라고 있는, 살아 있는 숲의 기록이라 할 수 있다.

동물들의 포효 소리 너머, 고요히 자리를 지키며 매년 꽃을 피우고 잎을 틔우는 나무와 꽃들. 그들이 전하는 위로와 생명력은 이 거대한 공원을 지탱하는 진정한 힘이다.

서울대공원의 식물들은 지금 우리를 맞을 준비가 되어 있다.

나의 스승님

대나무, 비움의 큰 스승

대나무는 늘 경계 위에 서 있는 존재다.

풀인가, 나무인가. 식물학적으로 대나무는 벼과에 속하는 풀이다. 하지만 우리의 눈에는 키 높고 굳센 나무다. 풀이라고 하기에는 너무나 당당하고 나무라 하기에는 어쩐지 가볍고 유연하다. 그 모호함 속에서 대나무는 자신만의 자리를 지켜왔다.

대나무 외에도 분류가 어려운 존재들이 꽤 있다. 조류와 포유류 사이의 박쥐가 있고, 포유류와 어류 사이에는 고래가 있다.

이처럼 자연에는 이분법적인 사고방식으로 나눌 수 없는 존재가 무수히 많다. 은행나무도 침엽수의 특징과 활엽수의 특징을 한 몸에 지니고 있다. 어떤 구획에 갇힘이 없이 그저 자신만의 방식대로 나름의 삶을 꾸려가고 있는 것이다. 모든 문제를 자신이 정한 틀 안에서 해석하고 규격화된 공식 안에 가두고자 하는 인간의 어리석음을 비웃는 존재들이다.

대나무는 우리에게 친숙하다.

마을 뒤 대숲은 여름에는 시원하고 겨울에는 바람을 막아 주며 토사물이 흘러오고 산짐승이 뛰어드는 것을 막아주었다.

대나무는 밀집하여 생육한다. 한여름 대숲에 가 보자. 줄기가 보이지 않을 정도로 빽빽하게 서 있다. 눈이 시원하고 환해진다. 땅에 떨어진 댓잎들은 푹신하게 밟힌다.

하늘로 쭉쭉 뻗은 대나무가 가지런히 서 있으면 녹색 그물망 같고 그물망은 대숲에 부는 바람을 한 뜸 길들여서 보낸다. 눅눅한 것을 거뜬하게 바꾸어 숲의 소리와 공명한다. 비가 오면 빗방울은 댓잎에 뛰노는 데 그 소리는 기분을 좋게 한다.

봄이 오면 대나무는 땅속에서 순을 내밀어 불과 며칠 만에 사람 키를 훌쩍 넘는다. 왕대나무는 한 달 남짓한 기간에 수 미터까지 치솟는다.

우리는 흔히 '성장'이라는 말을 천천히 쌓아 올려가는 과정이라 여기지만 대나무는 마치 기다림 끝에 한꺼번에 터져 나오는 폭발 같은 성장을 보여준다. 땅속에서 오랫동안 뿌리를 뻗으며 힘을 축적하다가 어느 순간 마침내 그 힘을 모두 표출하는 것이다. 눈에 보이지 않는 준비의 시간을 거쳐야만 눈부신 도약이 가능하다는 사실을 대나무는 묵묵히 가르쳐 준다.

대나무의 진정한 매력은 곧게 뻗은 몸과 속이 빈 줄기에 있다. 줄기는 단단하고 매끈하며, 속은 비어 있어 바람을 품는다. 그 비움 덕분에 더

가볍고 더 단단하다. 바람이 불어와도 꺾이지 않고 오히려 흔들리며 바람을 흘려보낸다. 눈이 쌓이면 잠시 고개를 숙였다가 다시 일어나 하늘을 향한다. 속이 비어 있기 때문에 더 강하고, 비움으로써 더 큰 가능성을 품는 것이다. 이 단순한 구조는 오래전부터 사람들의 마음을 사로잡았다.

매화, 난초, 국화와 함께 사군자의 하나로 꼽히는 것도 그 때문일 것이다. 매화가 한겨울 눈 속에서도 꽃을 피워 절개를 상징하고, 난초가 은은한 향으로 고결함을 나타내며, 국화가 늦가을의 스산한 바람 속에서도 의연하게 피어나듯, 대나무는 꺾이지 않는 강직함과 속이 빈 겸허함으로 군자의 덕목을 보여준다. 사군자는 단순한 그림 소재가 아니라, 선비들이 마음속에 품은 삶의 지향이었다. 그 가운데서 대나무는 바람

과 눈보라에 맞서 지조를 지키는 기개이자 비움으로써 참된 힘을 얻는 지혜였다.

옛사람들의 기록 속에는 대나무와 관련된 일화가 많다.

중국의 문호 소동파는 "대나무가 없으면 살 수 없다."라고 말했다. 그것은 단지 대나무를 좋아한다는 뜻이 아니라 대나무가 정신적 버팀목이었다는 고백이다. 우리나라의 선비들도 집 둘레에 대숲을 가꾸었다. 그 푸른 기운 속에서 자신을 다스리고 세상의 풍파 속에서 마음을 붙잡았다. 바람에 흔들리되 꺾이지 않는 그 모습은 곧 세속의 유혹과 권력 앞에서도 지조를 잃지 않으려는 다짐이었다.

대나무만큼 우리의 의식주 안에 깊숙이 들어 온 식물도 많지 않다. 줄기는 집을 짓는 기둥이 되었고, 장비와 생활도구를 만드는 재료가 되었다. 피리와 대금 같은 악기는 대나무 없이는 존재할 수 없다. 그 소리는 바람에 흔들리는 대숲의 속삭임을 닮아 사람들의 마음을 위로했다. 애잔한 피리 소리에는 슬픔이, 호탕한 대금 소리에는 기쁨이 담겼다. 사람들은 대나무의 울림 속에서 자신의 감정을 비추었고 그것을 통해 삶의 무게를 덜어냈다.

대나무는 건강에도 유용하다. 최근 산림청의 조사에 의하면 피톤치드 함유량이 편백나무 등을 제치고 가장 높다고 한다. 항균과 면역 증진, 스트레스 조절 등 유익한 물질을 내는 대나무야말로 생활 속의 건강 파트너이다.

필자는 대숲을 지날 때마다 특별한 감정에 젖곤 한다. 햇빛이 가늘게 줄기 사이로 스며들고 바람은 이파리를 흔들어 낮은 파도 같은 소리를 낸다. 그 순간 마치 세상의 소음이 모두 사라지고 오직 바람과 대나무의 대화만이 남아 평화를 느낀다. 대숲은 고요하면서도 살아 있는 듯 끊임없이 숨 쉰다.

살아오면서 너무 많은 것을 움켜쥐려 했고 너무 많은 말로 자신을 채우려 했다는 사실을 깨닫는다. 대나무처럼 속을 비운다면 오히려 더 단단해지고 더 멀리 울려 퍼질 수 있음을 알게 된다.

대나무는 우리에게 많은 것을 가르쳐 준다. 곧게 자라되 뿌리를 깊이 내리는 자세, 속을 비움으로써 더 강해지는 이치, 바람 앞에서도 꺾이지

않는 유연함.

삶은 늘 예상치 못한 바람과 폭설을 몰고 오지만 대나무는 그 앞에서 하나의 본보기가 된다. 고개를 숙여 바람을 흘려보내고 눈을 견뎌낸 뒤 다시 일어서는 모습에서 우리는 회복의 지혜를 배운다.

오늘날 우리는 끊임없는 경쟁과 불안 속에 살아간다. 무엇이든 더 가지려 하고 더 채우려 하며 늘 앞서가야 한다는 압박에 시달린다. 그러나 대나무는 다른 길을 보여준다. 속을 비움으로써 울림을 얻고 흔들림 속에서 오히려 꺾이지 않는 강함을 보여준다. 그것은 비움과 유연함이야말로 불확실한 시대를 살아가는 데 필요한 덕목임을 말해 준다.

우리는 종종 스스로에게 묻는다. 지금 내 삶은 대나무처럼 곧고도 유연한가. 혹은 바람이 불 때마다 흔들리다 결국 부러지고 마는가.

더 많이 움켜쥐려 할수록 내 마음은 무거워지고 작은 바람에도 쉽게 휘청거린다. 대나무는 나에게 답한다. 비워라, 그러면 더 단단해진다고. 뿌리를 깊이 내려라, 그러면 흔들려도 꺾이지 않는다고.

결국 대나무는 자연의 한 부분을 넘어 우리 삶의 스승이다. 푸른 잎처럼 꺼지지 않는 생명력, 곧은 줄기처럼 흔들림 없는 지조, 속이 빈 줄기처럼 겸허한 마음, 그리고 바람을 흘려보내는 유연함.

대나무 앞에 설 때마다 다짐한다.

나도 대나무처럼 살아가리라. 흔들리되 꺾이지 않고 비움으로써 울림을 얻으며 변화무쌍한 세상 속에서도 다시 하늘을 향해 곧게 일어서는 삶을.

배롱나무, 그 붉은 끈기

햇볕이 뜨겁게 내리쬐는 여름날, 시골의 어느 고택 마당에 들어서면 가장 먼저 눈에 띄는 것은 붉은 꽃을 만개한 배롱나무다. 한여름의 더위 속에서도 우아하게 피어난 그 꽃은 지나는 사람의 발길을 붙잡는다. 오래된 한옥과 배롱나무는 마치 오랜 친구처럼 나란히 서 있다. 나무는 꽃을 피워 아름다움을 뽐내고, 고택은 그 꽃을 배경으로 품격을 더한다. 배롱나무는 이렇듯 조용하지만 깊은 이야기를 들려주는 나무다.

배롱나무는 백일홍이라는 이름으로도 불린다. 7~9월에 진한 분홍색의 꽃을 피우는 데, 꽃이 약 100일 동안 이어지기 때문이다.

꽃은 가지 끝에 원뿔모양의 꽃차례로 달리며 꽃잎은 모두 오글쪼글 주름이 잡혀 있다. 수술은 30~40개로 그 중 가장자리의 6개가 길고, 암술은 1개이고 암술대가 수술 밖으로 나와 있다. 암수 한 꽃이다.

붉고 선명한 꽃들은 여름에서 초가을까지 바람에 흔들리며 사람들의 마음을 끌어당긴다.

중국에서는 배롱나무를 '자미(紫薇)'라고도 부른다. 자미는 북극성을 일컫는데, 당나라 수도 장안 궁궐인 자미궁에 이 나무가 많이 심어졌다고 해서 그렇게 불려진 것이다. 일본에서는 줄기가 매끄러워서 원숭이도 미끄러진다고 하여 '사루스베리'라고 부르기도 한다.

배롱나무는 특이하게도 잎이나 줄기를 만질 때 마치 몸 전체가 흔들린다. 이러한 특성 때문에 '춤추는 나무'라는 별칭을 얻기도 했다. 그 모습은 바람에 이리저리 흔들리는 소박한 춤사위 같기도 하고, 겸손하게 자신을 낮추는 동작 같기도 하다.

전설에 따르면, 이 나무와 함께 사는 신선이 사람들이 나무를 건드리면 웃음을 참을 수 없어서 나뭇가지를 흔든다고 한다. 발상이 재밌다.

배롱나무의 나이테는 보면 치밀하다. 느리게 자라는 나무는 단단하고 병충해에도 강하다. 시간이 지나도 아름다움을 잃지 않는 배롱나무, 그 기저에는 기다림과 끈기가 있다. 이러한 특성은 자연스레 인간의 덕목과 연결된다. 인내와 겸손, 그리고 긴 시간 속에서 피어나는 진정한 아름다움. 배롱나무는 그 자체로 삶의 교훈이다.

배롱나무는 고사에서도 자주 언급된다. 그중 배롱나무 꽃의 지속성에서 비롯된 비유다.

한 유학자는 "백일 동안 피어 있는 꽃을 보라. 이처럼 인내와 끈기를

갖춘 사람이라야 세상에 흔들리지 않는다."고 말했다. 그는 배롱나무를 보며 진리를 깨닫는 삶을 교훈으로 얻었다고 한다.

배롱나무는 사찰에도 자주 심어진다.

이는 나무의 긴 개화 기간이 끊임없는 수행과 지속적인 깨달음을 상징하기 때문이다. 특히 한국 사찰에서는 배롱나무 아래에서 용맹정진한 스님들의 일화가 전해지는데, 이를 통해 보면 배롱나무가 고요함과 참선을 돕는 나무로 여겨지기도 한다.

불교적 상징과도 깊이 연결되어 있다. 붉은 꽃은 연꽃을 닮아 깨달음과 불심의 상징으로 여겨졌고, 이는 사찰 경내에 배롱나무를 심는 전통으로 이어졌다. 가지를 만지면 나무가 흔들리는 모습에서 겸손과 순응의 미덕도 배운다.

옛날 중국의 한 고승이 배롱나무 아래에서 명상을 하던 중, 나무에서 풍겨 나오는 향기와 꽃의 생명력에 감명 받아 배롱나무를 불로초로 여겼다는 이야기도 있다. 이 전설은 배롱나무가 장수와 건강을 상징하는 나무로 여겨지게 된 배경이다.

배롱나무는 100일 동안 오래도록 꽃이 피어 있는 나무라 영원한 사랑을 상징하기도 한다. 오래된 배롱나무 아래에서 만난 연인들이 서로의 사랑을 맹세하면 그 사랑이 영원히 지속된다는 것이다.

옛날에 어느 마을에 아름다운 배롱나무가 있었는데, 마을 사람들은 배롱나무를 자주 보며 함께 모여 이야기를 나누고 화합을 다졌다. 그러다 어느 날 배롱나무가 사라지게 되었는데 그 뒤부터 마을 사람들 사이에 잦은 다툼이 생겼다는 이야기다. 이 고사는 자연의 소중함과 공동체의 화합을 강조하는 교훈으로 자주 언급되고 있다.

배롱나무와 관련된 이야기는 지역에 따라 다소 변형되기도 하지만, 대부분 자연과 사람 사이의 조화, 사랑, 그리고 지속성에 대한 교훈을 담고 있다.

배롱나무는 추위에 약하기 때문에 충청남도 이남에서만 안전하게 겨울을 날 수 있는 상록활엽수다. 높이 5m까지 크며 줄기는 굴곡이 심한 편이어서 여러 그루를 가까이 심으면 비스듬히 눕기 쉽지만 혼자 자랄 때는 비교적 곧게 자라 전체적인 나무 모양은 마치 세워 놓은 우산 같다. 나무껍질은 옅은 갈색이나 껍질이 얇게 벗겨져서 하얀 얼룩이 생기고 매끄럽게 보인다.

국내에서 배롱나무는 서원이나 향교, 절 등에서 흔하게 볼 수 있다. 그 중에서도 유명한 배롱나무 명소를 꼽는다면 담양 명옥헌, 안동 병산서원, 논산 명재고택, 대구 하목정, 밀양 표충사 등이 있다. 충남 이북에서는 배롱나무를 보기 힘드나 서울 덕수궁이나 창경궁에 가면 배롱나무를 볼 수 있다.

그 중 담양의 소쇄원은 전통 정원의 곡선과 돌담 너머로 피어난 배롱나무가 정적 속에서 말없이 웃고 있어 몇 번을 방문해도 새롭고 보는 이들을 설레게 한다. 수백 년의 시간을 지켜온 정자와 나란히 선 배롱나무의 자태는 말보다 무겁고 아름답다.

현재 우리나라에서 가장 오래된 배롱나무는 부산 양정 정문도의 묘소에 있는 배롱나무다. 배롱나무로는 유일하게 천연기념물 제168호로 지정되어 있다.

백일홍이라 불리는 배롱나무는 그 꽃이 단지 오래 피는 것에 그치지 않고 그 속에는 인내가 있고 기다림이 있다.

겨울의 혹독한 추위를 이겨낸 나무는 봄에도 조용히 침묵하다가 여름의 정점에 이르러서야 비로소 화려함을 드러낸다. 다른 어떤 꽃보다 늦게 피지만 그 어떤 꽃보다도 오래도록 핀다. 그것이 배롱나무다.

안동 하회마을의 고택 마당에서 배롱나무 아래 책을 펼치고 꽃잎이 바람에 흩날리는 풍경을 배경 삼아 조용히 사색하는 시간을 가져보는 것도 좋다.

더불어 추천하는 배롱나무의 명소는 담양 명옥헌 원림이다. 수백그루의 배롱나무가 고택과 어우러져 마치 옛 선비의 품격을 보여주는 듯하다. 어느 늦은 봄날 방문한 명옥헌은 시기를 제때 맞추지 못해 배롱나무의 꽃을 보지 못했지만 상상만으로도 천상의 화원이었다. 함께 간 동료들과 배롱나무가 만개한 다음 여름 꼭 다시 방문하자고 자연스럽게 약속했고 그 고운 자태를 볼 기대에 마음은 벌써 명옥헌 정자에 가 있다. 꼭 가 보시길 추천한다.

하동 쌍계사와 영주 부석사의 배롱나무도 빼놓을 수 없다. 이곳 배롱나무는 오랜 역사를 품고 있다. 붉은 꽃이 고즈넉한 사찰과 어우러져 마음을 편안하게 한다.

멀리 떠나지 못한다면 창경궁 궐내각사 지역에 홀로 고운 자태를 드러내고 있는 배롱나무 한 그루도 좋다.

여름이 시작되면 가장 붉게 타오르는 꽃, 가장 길게 인내하는 꽃.

배롱나무의 그 붉은 끈기를 만나러 길을 나서 보자.

세계사를 바꾼 차나무

우리들에게 친숙한 차는 후추와 더불어 세계 역사를 바꾼 작물이다.

일개 차나무가 세계사를 바꾸었다니 무슨 말인가.

1773년 영국 홍차조례에서 보스턴 차 사건으로 이어지는 미국 독립사의 서막도 그렇고, 중국 아편전쟁의 주요 원인도 대영제국 내에서 차가 유행하면서 발생한 영국과과 청나라 간의 경상수지 불균형이다.

아편전쟁 후 청나라는 동북아의 패권을 상실했고, 그 이후 아시아에서 발생한 여러 사건을 생각해 보면 차가 세계 역사를 크게 바꾼 작물이라 보는 것은 결코 무리가 아니다.

차(茶, tea)는 차나무 잎을 비롯한 식물성 재료를 물에 우려 만드는 음료이다. 찻잎으로 우린 허브 특유의 은은한 맛과 향으로 많은 사람들이 차를 즐긴다.

'차(茶)'는 원래 차나무와 그 잎만을 가리키는 한자였다. 차나무는 히말라야산맥, 동남아, 중국 중남부 등지에 분포하는 상록수다. 차나무는 본래 키가 3~4m 남짓한 교목이지만 가지치기를 자주 하고 잎을 많이 따다 보니 식용으로 재배되는 나무의 경우 대개 1m 정도다. 중국에는 1천년 묵은 차나무 숲이 있는데 그곳의 차나무는 전부 아름드리나무다.

차는 동백과 나무로 외형상 동백나무와 비슷하게 생겼으나 잎의 성질은 아주 다르다. 오로지 차나무의 잎만 식용으로 사용한다. 잎을 따서 가공한 후 물에 우려 기호식품으로 사용한다. 그 외에 흰색의 작은 꽃을 따다가 찻잎에 향을 입혀 즐기기도 하는데 진하고 달콤한 향이 난다.

차를 본격적으로 애용한 곳은 중국이다. 당초 중국에서는 차를 가지고 다니며 마시도록 고형으로 굳힌 '병차'가 유행했다. 병차는 단차의 일종으로 필요할 때마다 차 덩어리를 부숴 덖어서 마셨다.

민중들에게 확산된 것은 당나라 이후다. 당나라 때 중국이 통일되고 불교가 융성하면서, 후세에 다성(茶聖)이라고 불리는 육우가 『다경(茶經)』을 저술해 최초로 체계적인 다도를 퍼뜨리며 스님들이 마시던 차가 민간에까지 퍼지게 되었다.

당나라 당시 선(禪)사상이 유행하기 시작했는데 불교사원에서 참선할 때 정신을 맑게 해주는 약으로 차를 마셨다. 차를 약으로 마실 때는 덖기보다는 가루로 빻아 그대로 마셨다.

송나라 시대에 이르러 차는 높은 인기 덕분에 전매품목이 되기도 하

였다. 송대의 차 문화는 찻잎을 빻아 가루로 만들어 뜨거운 물에 타서 마시는 방향으로 발전했다. 찻잎을 빻은 가루를 뜨거운 물에 타서 마시는 차를 '말차'라고 한다. 말차는 이후 일본에 전래되었고 송나라가 멸망하면서 정작 중국에서는 맥이 끊겼다. 오늘날 말차가 일본에서만 명맥을 유지하고 있는 이유다.

한국에서는 삼국시대 후반부터 차를 마시기 시작한 것으로 전해진다. 초기에는 당나라에서 수입한 고가의 차를 일부 계층만이 마실 수 있었고, 통일신라 흥덕왕 시기인 828년 당나라에 사신으로 다녀온 대렴이 차나무 씨앗을 들여와 우리 땅에서도 재배를 시작하면서부터 차 마시는 것이 대중화되었다.

한반도에서 차나무는 중부지방 이북으로는 추워서 기르기 어렵고 주로 남부지방에서 재배한다. 지리산 자락에 접한 경상남도 하동군, 전라남도 장흥군(청태전), 보성군(보성녹차)과 제주특별자치도 지역에서 잘 자라고 현재 유통되는 대부분의 물량을 생산한다. 그 외 광주 무등산이나 부산 금정산 등 남부지방 여러 곳에 중소규모로 차를 재배하는 다원이 분포해 있다.

최근에는 충청남도 청양군에 있는 온직다원과 아산시에 있는 신수다원처럼 내한성을 가진 차나무의 육종 성공과 기후변화의 영향으로 점점 재배지가 북상하고 있는 양상이다. 특히 강원도 고성군의 화진포산 학다원은 북위 38도에 위치하고 있다.

차는 차나무의 잎을 우려 마신다. 잎을 우려서 마시는 차가 동아시아의 문화로 자리 잡다 보니 나중에는 차나무 잎뿐만이 아니라 다른 풀잎이나 꽃, 뿌리 등 식물성 재료를 우린 물도 '차'라 부르게 되었다. 보리차가 대표적인 사례이다. 현대에 들어서는 유자차나 율무차처럼 식물성 재료를 우린 음료수를 모두 일컫는 명칭으로 의미가 확장되었다.

대추차, 인삼차, 생강차 등은 원칙적으로는 대추탕, 인삼탕, 생강탕이 되어야 하고 식품분류상으로는 차가 아니다. 하지만 관습상 부르던 언어의 의미 확장을 존중하여 이를 '대용차(代用茶)'라 부른다. 실제로 쌍화차의 경우는 쌍화탕에서 유래된 음료이다. 원래 이런 음료들은 우린 물, 한자로 탕(湯)이라 불렀다. 마찬가지로 허브티, 커피, 마테차도 원의로 따지면 차가 아니다. 원칙적으로 차나무의 잎을 우려낸 엽차, 말차, 홍차 등만 차로 취급하고, 나머지는 원칙상 '대용차'라 해야 옳다.

커피가 한반도에 처음 들어왔을 때, 민간에서는 이를 양탕(洋湯) 또는 양탕국이라 불렀으나, 왕실에서는 가배차(珈琲) 또는 가비차(珈非)라고 불렀다. 여기에서도 탕과 차의 의미를 혼용하여 사용했음을 알 수 있다. 요즘은 정약용 시절보다 의미가 더욱 넓어져 여러 가지 재료를 섞었거나, 혹은 단순히 식물성 재료의 맛을 느낄 수 있는 음료수를 모두 차라고 부르기도 한다.

차를 마시면 비타민과 미네랄을 골고루 섭취할 수 있다. 식물의 대사산물인 플라보노이드가 풍부하여 항산화 효과가 있고 면역력을 증강시킨다. 특히 차에는 테아닌, 카테킨, 카페인 등이 다량 함유되어 있는데, 테아닌은 심신을 안정시키는데 도움을 주어 정신적인 안정이 필요한 사람들이 많이 찾는다.

한편 카페인이 강한 찻잎을 모아 영국에서 브랙퍼스트 티처럼 이른 아침에 잠을 깨는 용도로 마시기도 한다. 카테킨은 폴리페놀의 일종으로, 주로 차의 떫은맛을 내는 성분이다. 세포손상을 막는 항산화력이 비타민C 보다 수십 배가 높고, 신진대사를 촉진 하여 체지방을 감소시키고 콜레스테롤 수치를 낮춘다. 혈관의 탄력을 개선시켜 혈관 건강에도 도움이 되는 물질로 알려져 있다.

카페인은 알카로이드라는 독성물질의 일종으로 원래 식물이 곤충 등 동물로부터 자기 몸을 지키기 위해 생성하는 물질 중 하나이다. 카페인의 화학구조는 니코틴이나 모르핀과 흡사해 신경을 흥분시키는 작용을 한다. 차를 마시면 잠이 잘 오지 않고 머리가 맑아지는 이유다. 독(毒)과 약(藥)은 동전의 양면이다.

카페인은 Coffee에서 발견되는 물질이다. 커피 원료인 커피나무는 꼭두서닛과 식물로 차와 마찬가지로 카페인을 지니고 있다.

세계 3대 음료인 홍차, 커피, 코코아는 공통적으로 카페인을 함유하고 있는데 원료가 되는 나무는 차나무, 커피나무, 카카오나무다.

모두 카페인을 함유하고 있지만 차가 건강에 좋은 이유는 커피 등에는 없는 카테킨 성분도 포함하고 있기 때문이다. 차에 포함되어 있는 커테킨 성분은 카페인이 체내로 흡수하는 것을 줄여주기 때문에 차가 커피보다는 카페인 부작용에서 비교적 자유롭다.

영국 산업혁명으로 새로운 계급으로 부상한 노동자들이 길어진 노동시간에 졸음을 쫓아내고 머리를 맑게 하기 위한 음료로 마시기 시작한 홍차는 노동 효율을 높여 준다고 크게 유행하기 시작했다. 오늘날에도 급한 일이나 시험을 앞두고 집중하기 위해 기대는 물질 중 하나가 카페인이다.

차나무에 들어있는 카페인이라는 신경자극 성분이 동서고금을 통틀어 인류의 마음과 영혼까지 사로잡은 것이다.

이처럼 카페인을 함유한 차나무는 이를 손쉽게 얻기 위한 제국주의의 필요와 맞물려 의도와 달리 마침내 인류의 역사를 바꿔놓고 말았다.

세계사를 바꿔 놓은 차를 마시며 세상사를 더 깊이 음미해 볼 일이다.

장미과, 자두나무

벚꽃 놀이, 탐매 여행은 봄과 함께 우리를 설레게 한다.

봄이 되면 누구나 한번쯤은 매화와 벚꽃을 보러 나섰을 것이다. 봄을 알리는 여러 나무 중에서 꽃이 가장 화려하고 우리에게 친숙한 나무들 중 으뜸은 대부분 '장미과' 식물이라 생각된다.

왕벚나무, 산벚나무, 매화나무, 살구나무, 앵도나무, 자두나무, 모과나무, 산사나무, 복사나무, 팥배나무, 야광나무, 귀룽나무, 돌배나무, 마가목 모두 장미과 교목이다.

장미과 관목으로는 쉬땅나무, 조팝나무, 황매화, 해당화, 죽단화, 홍자단, 병아리꽃나무, 피라칸타 등이 있는데 모두 꽃이 아름답다. 물론 아름답지 않은 꽃은 없겠지만 특히 장미과 식물들의 꽃과 열매는 봄과 여름에 저마다 붉은색, 노란색, 하얀색으로 사람들은 물론 새를 비롯한

동물들을 유혹하기에 충분하다.

장미과 중 초록색 매실이 열리는 매화나무의 가장 큰 특징은 줄기 끝 1년생 가지가 녹색이라는 점이다. 이에 반해 살구나무는 가지 끝이 붉다. 두 나무의 가지에 달리는 열매의 색은 특이하게도 각각의 가지 끝의 색깔을 닮았다.

울퉁불퉁한 열매와 수피가 얼룩덜룩 카키색이 특징인 모과나무, 붉은 열매와 흰색의 자잘한 꽃이 특징인 산사나무, 벚꽃 비슷한 꽃과 잎이 선형으로 길며 복숭아로 친숙한 무릉도원 복사나무, 작은 빨간 열매와 주름진 잎이 특징인 앵도나무, 작게 모여 핀 흰 꽃과 붉은 열매가 특징인 팥배나무, 꽃이 총상화서 - 긴 꽃대에 꽃자루가 있는 여러 개의 꽃이 어긋나게 붙은 화형 - 형태이고 잎도 복엽인 쉬땅나무.

이외에도 장미를 닮은 꽃에 주름이 많은 잎과 가시가 있는 해당화, 노란 개나리가 지고 난 골짜기 마다 다시 노란 꽃으로 우리들 가는 걸음을 멈추게 하는 황매화, 흰 꽃이 병아리를 닮았다는 병아리꽃나무, 봄과 여름 산에서는 장미과 나무들만 비교하며 감상하는 재미도 좋다.

식물의 종은 다양하며 쉽게 구분하기가 어렵다. 나무를 공부하다 보면 너무 헷갈려 곧 잊게 되고 지쳐버린다. 급기야 의욕을 상실하고 포기하기 쉽다. 그래서 아름다운 장미과 식물들을 먼저 접하여 각각의 특징을 살펴 구별하면서 다른 과의 나무들로 하나씩 넓혀가는 방법을 권해본다.

4월 중순이 되면 나무 전체를 하얗게 뒤덮는 산신령 같은 나무들이 있다. 이 나무들은 꽃도 잎도 열매도 비슷하여 자세히 관찰하지 않으면 전문가들도 구별하기가 쉽지 않다. 꽃이 지고 난 후에는 그나마 구별하기 쉬운데 흰머리를 길게 드리웠을 때는 꽃모양, 잎 모양, 수피 모양 등으로는 구별하기가 여간 힘든 게 아니다. 장미과 나무 중에서 사과나무속 세 형제는 야광나무, 아그배나무, 꽃사과나무다.

밤에 빛이 난다는 야광나무, 아기 배를 닮은 아그배나무, 미니사과인 꽃사과나무로 이름을 구별하는 법이 재미있다.

이처럼 각 나무의 특징들을 살펴 각자의 방법으로 외우는 방법을 찾는다면 기억이 오래 갈 것이다.

애정을 가지고 더 깊은 관심을 가지고 관찰한다면 우리들의 봄과 여름은 더 풍성하리라.

앞서 열거한 장미과 여러 나무들 중에서 이 지면에서는 자두나무를 좀 더 살펴보도록 한다.

장미과 벚나무속에 속하는 자두나무는 낙엽활엽교목으로 원산지는 아시아이다. 봄에 잎이 나면서 백색의 꽃도 함께 핀다. 열매를 자두라 하여 먹거나 껍질을 제거한 후 씨를 건조시켜 이뇨제로도 사용했다.

자연종은 드물고, 오늘날에는 과수로 키우고 있으며 양지바르고 배수와 통풍이 잘되는 곳에서 잘 자란다.

키가 10m에 달하며 어린가지는 적갈색이고 윤기가 있다. 잎은 어긋나는데, 잔잎은 긴 난형 또는 타원형으로 끝은 뾰족하고 길이가 10㎝ 미만이며 가장자리에는 톱니가 있다. 흰색의 꽃은 4월경에 지름이 2㎝ 정도로 잎보다 먼저 피는데 보통 3개씩 달린다. 열매는 7월에 노란색 또는 적자색으로 익는다. 열매는 둥글고 밑 부분이 들어가며, 재배종은 길이가 7㎝에 달하지만 자연종은 2㎝ 정도로 훨씬 작다. 과육은 연한 노란색이며, 안쪽의 단단한 핵은 겉이 거칠다.

자두나무와 비슷한 식물로 재배하는 것으로는 매실나무, 살구나무, 복사나무, 앵도나무 등이 있는데 모두 우리나라 대표 과일들이다.

이 꽃들은 4월초 창경궁 옥천교 부근에서 모두 한꺼번에 감상할 수 있는데 처음에는 꽃만으로는 여간 구분이 쉽지 않다.

자두는 자도(紫桃) 또는 오얏이라고도 한다.

과전불납리 이하부정관(瓜田不納履 李下不整冠)은 오얏나무 아래에서 갓을 고쳐 쓰려고 손을 위로 올리면 자두를 따려는 것으로 오해를 살 수 있다는 뜻인데 자두나무는 그만큼 오래전부터 우리에게 친숙한 나무이다.

자두는 자두나무에서 열리는 열매다. 6월에서 7월 초에 수확하며 열매는 달고 과즙이 많아 널리 재배되었다.

꽃은 오얏꽃이라고 하며, 대한제국 황실과 전주 이씨 가문을 상징하는 꽃이다. 한자로는 이화(李花)라고 쓴다.

전주 이씨의 휘장인 이화문과 대한제국 황실의 국장도 자두나무의 오얏꽃 모양이다. 지금도 덕수궁의 전각이나 창경궁 대온실 등에 대한제국을 상징하는 오얏꽃 문양의 국장을 볼 수 있다.

자두나무는 전주이씨를 상징하기에 고려 말에는 수난을 당하기도 했다.

고려가 망하고 전주이씨가 새 왕조를 열거라는 목자득국(木子得國)이 민간에 퍼지면서 고려 조정에서는 어떻게든 이 소문을 잠재우려고 애썼는데 서울시 강북구 번동이라는 동명의 유래에도 등장한다.

고려시대 『운관비기(雲觀祕記)』라는 책에 "이씨(李氏)가 한양에 도읍하리라."는 비기설이 있는데, 고려 말기의 왕과 중신들이 이 설에 의거 경계를 하던 중 한양 삼각산 아래 오얏나무가 무성하다는 말을 듣고 이씨

가 흥할 징조라 여겨 오얏나무를 모조리 베게 하였다. 이를 전담하는 관리까지 임명하고 파견하였는데 그 직책이 벌리사(伐李使)였다. 이 일대는 벌리사가 파견된 지역인 벌리(伐里)라 칭하다가 번리(樊里)가 되었다고 하니 자두나무의 위세는 참으로 대단하다.

여하튼 고려 조정의 노력에도 불구하고 오얏 이씨 이성계는 조선을 건국했으나 격동기 자두나무의 수난사다.

자두나무의 꽃 모양은 벚꽃, 사과꽃, 배꽃, 살구꽃 등과 꽤 흡사하다. 특히 벚나무나 살구나무와는 같은 벚나무속에 속하기 때문에 색만 빼면 꽃의 실루엣이 거의 똑같다.

맛은 전반적으로 물기가 많고 단 맛. 씨앗 주변부 과육은 매우 신 맛이 난다. 껍질 역시 약간 신 맛. 근본적으로 껍질까지 보통 함께 먹고, 크기가 작아 씨앗 주변부 과육까지 어쩔 수 없이 같이 섭취하게 되다보니 아무리 노란 과육이 달아도 신맛이 제법 느껴지는 건 어쩔 수 없다. 그래서 자두는 기본적으로 새콤달콤한 맛이다.

자두 열매의 모양만 보면 복숭아와 비슷하다. 마치 덜 익은 어린 복숭아 같다.

물자가 풍부한 오늘날, 세계가 하나의 시장으로 우리 식탁엔 남국의 달콤한 과일들로 넘쳐난다. 대신 한국의 전통적인 과일들은 점점 설자리를 잃어 가고 있다.

우리 민족과 애환을 함께한 앵도, 자두 등이 그립다.

진리의 길잡이, 회화나무

대한불교조계종 총본산인 서울 종로구 조계사 대웅전 앞에는 여름이면 오래된 회화나무가 화사한 꽃을 피운다. 하얀 꽃의 향기로 주변은 즐겁다. 조계사 옆의 우정총국에도 오래된 회화나무 한 그루가 푸름을 자랑한다.

회화나무는 지체 높은 양반집이나 관아 터, 서원에서 많이 볼 수 있는 고급 정원수이다. 궁궐에서도 많이 심어졌다. 창덕궁 정문 돈화문을 지나면 맨 먼저 눈길을 사로잡는 노거수가 있는데 바로 회화나무이다. 좌측으로 세 그루가 있고 금천교를 지나면 더 큰 회화나무가 버티고 서 있다.

창경궁 궐내각사 초입에도 오랜 세월을 버티다 속을 비우고 비록 지지대에 의지해 있으나 아직도 많은 가지를 드리우고 멋지게 서 있다. 선

대한불교조계종

인문 주변에는 비명에 간 사도세자의 일화를 간직한 채 수형이 비틀린 기이한 나무가 있는데 그 나무도 회화나무다.

회화나무에 꽃이 피면 여름이 한창임을 알 수 있다. 열정적인 더위가 물러가고 햇살이 건조하다고 느낄 때쯤, 회화나무 가지에서는 연노란 꽃이 다투어 피어난다. 수많은 꽃들이 작은 벌새처럼 꽃잎을 열어 나무 전체를 우윳빛으로 물들인다. 다른 나무들이 열매를 살찌우고 익어갈 때 회화나무는 비로소 꽃을 피운다. 다소 늦은 감이 있지만 대기만성이랄까 이어진 가지마다 수많은 꼬투리를 매달고 속에는 씨가 여물어 간다.

회화나무는 콩과식물로 실제로 꼬투리를 열면 작은 팥알 같은 씨가 3~5개씩 들어 있다.

그러다가 서리가 내리면 잎이 시든다. 떨어질 때는 깃꼴 모양으로 달려 있던 작고 긴 타원형의 잎사귀가 하나씩 떨어져 땅에 깔린다. 그러면 지상은 온통 녹색 카펫으로 변한다. 회화나무의 잎들은 꽃잎처럼 떨어져 사람들의 발길에 짓밟히며 사라진다. 가로수로 심은 회화나무도 예외는 아니어서 떨어진 작은 잎사귀들이 빗물에 젖어 서러운 이별을 한다.

회화나무의 어린 가지는 녹색이다. 오래된 가지는 잿빛을 띠지만 더 오래된 묵은 가지는 거칠게 갈라지며 거대한 줄기로 자란다.

회화나무는 천 년을 사는 나무다. 은행나무, 느티나무, 팽나무와 함께 4대 장수목이다. 네 가지 오래 사는 나무 중에서 느티나무와 팽나무만이 우리나라 자생 수종이고 회화나무와 은행나무는 중국이 원산지로 알려져 있다. 회화나무가 언제 우리나라에 들어왔는지는 확실하지 않으나 『삼국사기』 열전에 "성이 함락되자 백제의 해론이 회화나무에 머리를 박고 죽었다."는 기록으로 보아 삼국시대 훨씬 이전에 들어온 것임을 짐작할 수 있다.

회화나무는 지는 꽃이 아름다운 나무다. 장마가 막 끝난 어느 날부터 천천히 꽃이 벙글어지기 시작하여 점점 연노란 꽃송이를 더하다가 절정기를 지나면서 떨어지기 시작한다. 그러면 작은 꽃잎이 지상을 온통 하얗게 뒤덮는다. 쓸어도 이튿날 자고나면 또 그만큼 깔려 있다. 밟고 지나가기 아까울 정도로 가련한 꽃 이파리들. 시들어 떨어지는 것이 아니라 젊음을 송두리째 버리는 열정의 꽃들은 그렇게 미련을 두지 않는다. 여름을 보내고 가을을 맞이하는 아쉬운 꽃이다.

중국에서는 회화나무를 아주 귀하게 여긴다. 공자를 모시는 대성전 앞에 심는 나무다. 대성전에는 세 가지 중요한 나무를 심어 왔는데 측백나무와 은행나무, 회화나무가 그것이다. 유교를 통치이념으로 세운 조선에서도 예외는 아니다. 문묘에 은행나무와 회화나무를 심었다. 천연기념물로 지정된 은행나무와 함께 회화나무 거목이 아직도 많은 이유는 그만큼 귀하게 여겨 잘 가꾸고 보호해 온 덕분이다.

중국의 주나라 때 회화나무는 조정을 상징하는 나무였다. 세 그루의 회화나무를 궁궐의 뜰에 심고 삼정승으로 하여금 각기 그 나무 아래에서 정사를 보도록 한 것이다. 그래서 회화나무는 지금까지 입신양명의

표상이 되었다. 삼공구경(三公九卿)이 집무하는 곳에 심는 나무이므로 그곳으로 다가가기 위한 학문의 길을 괴문극로(槐門棘路)라고 했다. 여기에서 '괴'는 회화나무를 뜻한다. 우리나라에서는 회화나무를 '괴(槐)'라 쓰고 '느티나무 괴' 또는 '회화나무 괴'라고 읽었다. 황제와 군왕이 정사를 돌보는 궁궐을 '괴신(槐宸)'이라고 했는데 회화나무가 있는 큰 집이라는 의미다. 또한 음력 7월 회화나무에 꽃이 필 때 치르는 진사시를 '괴추'라고 불렀다. 초가을로 접어드는 때 관리가 되기 위해 치르는 예비시험을 회화나무 꽃에 빗대어 지칭한 말이다. 시험장으로 가는 길을 '괴로'라고 한 것도 회화나무와 관련된 말이다.

주나라 때에는 묘지에 심는 나무도 엄격하게 구분했는데 왕릉에는 군왕을 뜻하는 소나무를 심고 종친은 소나무와 같은 침엽수인 측백나무를, 당상관 이상의 고급관리는 회화나무를 심었다. 그리고 학자의 묘지에는 모감주나무를 심었으며 일반 백성은 포플러를 심었으니 회화나무가 얼마나 귀한 대접을 받았는지 알 수 있다.

『남가기(南柯記)』나 『남가태수전(南柯太守傳)』에는 당나라 때 순우분이라는 사람이 괴안국에 초대되어 잘 지내다가 문득 깨어나니 꿈이었다는 이야기가 전하는데, 꿈에서 깨어난 순우분이 기대어 잠들었던 회화나무를 베어 냈더니 실제로는 개미의 소굴이었다고 한다. 이처럼 회화나무는 입신양명을 염원하는 이상적인 나무이면서 동시에 피안의 세계로 가는 지표가 되기도 하였다. 서원이나 향교에 회화나무를 심고 사대부의 뜰에도 이 나무를 심은 것은 이처럼 비단 관상으로서의 가치를 취하기 위해서만은 아니다. 나무가 간직하고 있는 성정이 학문과 출세를 뜻하기 때문에 더욱 선호되었던 것이다. 회화나무는 선비가 진리를 찾도록 길잡이가 되어 준 나무였다.

회화나무 아래에서 관리로서의 첫발을 디뎌 진사시를 치르듯 고관이 관직에서 물러나면 향리로 돌아가 회화나무를 기념으로 심었다. 물러나는 관리에게 후배들이 회화나무 묘목을 선물했다니 얼마나 아름다운 일인가.

회화나무는 자원으로서도 가치가 높다. 변재는 희고 깨끗하며 심재는 다갈색이다. 단단하고도 결이 고와 고급 가구재나 불상의 조각재로 쓰인다. 회화나무 씨는 괴황이라 하여 황색염료도 사용된다. 괴황을 삶은 물에 백반이나 식초를 몇 방울 떨어뜨리고 비단이나 베를 물들이면 노란 옷감이 된다. 여러 번 반복하면 짙은 노란색 옷감을 얻을 수 있다. 회화나무의 초록색 가지는 잘라서 습기로 생기는 여러 가지 증상의 치료제로 사용한다. 회화나무 꽃은 말려서 치질, 혈변, 고혈압, 대하증 등을 다스리는데 이용하였다.

회화나무는 콩과식물로 뿌리혹박테리아를 가지고 있다. 따라서 유기질이 적은 척박한 땅에서도 스스로 질소를 고정하여 살아갈 수 있다. 새로 조성한 땅이나 성토지에 심을 수 있는 나무로 좋다. 가축의 사료로도 좋고 떨어진 잎은 녹비 효과가 뛰어나다.

회화나무의 가로수로의 가치가 새롭게 인식되면서 최근에는 도로변에도 많이 심고 있다. 서울 인사동 길이나 강남의 가로수로 만날 수 있다. 줄기가 제멋대로 뻗어 나가는 성질이 있지만 그래서 오히려 자연스럽고 힘찬 기상을 느낄 수 있다. 학문이 개성이 있고 창조적이어야 하듯 회화나무 또한 개성이 뚜렷한 나무인 것 같다. 학문의 상징이요 지혜의 상징인 이 나무가 널리 심어 지고 가꾸어 지는 이유다.

회화나무 아래에서 더 나은 미래를 꿈꾸며 진리와 지혜의 길을 다시 새겨볼 일이다.

조율시이(棗栗柿梨)

설날과 추석의 차례상과 기제사에 올리는 음식들은 단순한 음식이 아니다. 그것은 오랜 세월을 이어온 예(禮)의 기억이자, 조상과 후손을 잇는 마음의 상징이다. 그중에서도 과일을 대표하는 '조율시이(棗栗柿梨)', 즉 대추, 밤, 감, 배는 제사상에서 빠질 수 없는 존재인데 각기 나름의 이유를 가지고 있다.

대추와 밤, 감과 배는 각각의 색과 모양, 향과 맛이 다르지만, 그 속에는 공통된 조화와 질서가 깃들어 있다. 붉은색은 생명과 기운을, 흰색은 순수와 정결을 뜻하며, 둥근 열매는 충만과 풍요를 상징한다. 제사상에 이 네 가지 과일을 올리는 일은 단순한 전통의 계승만이 아니라, 삶의 조화를 되새기고 자연의 섭리를 존중하는 행위이기도 하다.

대추는 제사상에서 맨 처음 동쪽 자리를 차지한다. 대추는 다산과 생

명의 상징으로, '조(棗)'의 음이 '조속히(早)'와 같다고 하여, 자손의 번창을 기원하는 마음이 담겨 있다. 옛날 혼례상에도 대추와 밤을 올려 자손을 기원했듯, 대추는 언제나 새 생명의 시작을 뜻한다.

대추나무는 척박한 땅에서도 꿋꿋이 자란다. 봄에 늦게 잎이 나고, 가을에 늦게까지 열매를 달고 있다. 그 강인한 생명력은 마치 고된 세월을 묵묵히 견디는 인간의 의지를 닮았다. 조선의 학자 이익은 "대추는 작으나 속이 알차고, 가지는 굽었으나 본성은 곧다."고 말했다. 대추의 작고 단단한 열매는 겉보다 속을 중히 여기는 우리 조상들의 가치관을 대변한다.

옛 민속에서는 대추나무가 귀신을 막는 나무라 여긴다. 단단한 나무결이 사악한 기운을 막아준다고 믿었던 것이다. 그래서 집 앞에 대추나무를 심어 가정의 평안을 빌었다. 대추 한 알에는 단단함 속의 진심, 그리고 생명에 대한 소망이 깃들어 있다.

대추는 영양학적으로도 훌륭한 과일이다. 대추의 비타민C 함량은 사과와 복숭아의 100배나 된다. 한의학에서는 홍조가 약성을 조화시키고 약의 독성을 완화시키는 효능이 있다고 귀히 여긴다. 근래에는 과민성 알레르기에도 효능이 있는 것으로 밝혀졌다.

대추는 사찰에서도 귀하게 대접했다. 대추 열매를 끓여 진하게 달인 후 환을 지어 먹으면 한두 알로도 식사를 대신할 수 있다고 하여 수도하는 스님들에게 선식의 재료가 되기도 한다.

밤은 충실함과 효의 상징이다. 밤나무는 여름 내내 잎을 무성하게 키우고, 가을이 되면 가시송이 속에 단단한 열매를 품는다. 그 모습은 부모가 자식을 품듯, 외형은 거칠어도 속은 따뜻하고 부드럽다. 제사상에 밤을 올리는 이유는 바로 그 부모의 마음을 닮은 속성이 있기 때문이다.

밤은 예로부터 귀한 식량이었다. 풍년에는 단맛을 즐겼고, 흉년에는 구황식품으로 사람들의 생명을 이어주었다. 밤을 갈아 죽을 쑤고, 가루로 만들어 떡을 빚으며, 사람들은 밤을 '하늘이 내린 곡식'이라 불렀다. 『산림경제』에는 "밤 한 알로 한 고을을 살릴 수 있다."는 구절이 있다. 이는 밤이 가진 풍요와 생명의 힘을 보여준다.

밤나무는 우리 산하 어디서나 쉽게 볼 수 있지만, 그 속에는 근면함과 인내의 정신이 깃들어 있다. 깊은 산중에서도 스스로 열매를 맺고, 때가 되면 조용히 알을 떨어뜨린다. 그 겸손한 결실은 삶의 진정한 충만이란 스스로의 뿌리를 지키는 일임을 일깨운다.

감은 가을의 정취를 가장 잘 담은 과일이다. 다른 나무들의 잎이 다 떨어져도 감나무는 붉은 열매를 남겨 놓는다. 그 붉음은 단순한 색이 아니라, 세월의 흔적 속에서 단맛을 만들어낸 인내의 증표다. 덜 익은 감의 떫은맛은 시간이 지나며 사라지고, 대신 은근한 단맛으로 변한다. 감은 그렇게 기다림 속에서 완숙해지는 것이다.

감나무는 군자의 나무로 불렸다. 줄기는 곧고 단단하다. 탐욕스럽게 연속해서 해마다 열매를 많이 맺지도 않는다. 오히려 가지를 덜어내고, 남은 열매를 더욱 탐스럽게 익힌다. 이는 욕심을 버릴수록 삶이 깊어진

다는 진리를 상징한다. 감은 성숙과 절제의 미덕을 가르치는 과일이다.

또한 감은 불로장생의 상징이다. 감을 말려 만든 곶감은 오랫동안 저장해도 쉽게 상하지 않는데 세월이 지나도 단맛을 간직하는 감처럼 오래 지속되는 복을 바라는 마음이 곶감 한 조각에 담겨 있다.

가을 늦게까지 잎과 붉은 열매를 달고 있는 감나무는 아름답다. 고즈넉한 산사의 뒤뜰에 서 있는 감나무는 그 사찰의 역사를 짐작하기에 충분하다. 영국 왕립식물원 큐가든에도 가장 잘 보이는 광장 중앙에 감나무가 있는데 그만큼 조경으로도 대접받는 나무다.

감은 이름도 많다. 풋감, 땡감, 단감, 연시, 홍시, 침시, 곶감, 건시, 고종시 등.

우리의 시골 마을마다 감나무는 쉽게 만나 볼 수 있다. 다른 과일나무에 비해 저장이 가능하여 식량으로도 이용되었기 때문이다.

배는 서쪽의 자리를 차지하며, 흰빛으로 맑음과 정결을 상징한다. 배는 네 과일 중 가장 크고 향기로우며, 제사상에서는 조상을 향한 진심과 정성을 뜻한다. 배의 속살은 투명할 만큼 맑고 한입 베어 물면 시원하고 단맛이 퍼진다. 그 순수함은 조상을 향한 깨끗한 마음을 나타내기 충분하다.

배나무는 다른 과수에 비해 손이 많이 간다. 가지치기와 수분이 까다롭지만, 한 번 결실을 맺으면 풍성하고 아름다운 열매를 제공한다. 이는 정성을 다하면 반드시 결실을 얻는다는 삶의 원리를 보여주는 것이 아닐까. 옛사람들은 '배(梨)'와 '이별(離)'의 발음이 같다고 하여 혼례에서는

배를 피했지만, 제사에서는 오히려 그리움의 상징으로 올렸다. 헤어짐 속에서도 마음은 이어진다는 뜻이다.

대추, 밤, 감, 배는 각각 다른 계절과 성질을 지녔지만, 제사상에서는 하나의 조화로 이어진다. 이 네 과일은 모두 인내를 통해 단맛을 만들어 내는데, 여름의 더위와 가을의 서리를 견디며 맺은 열매이기에 그 안에는 자연의 질서와 인간의 덕목이 함께 깃들어 있다.

대추는 생명력, 밤은 성실함, 감은 인덕, 배는 정결을 상징한다. 이 네 가지 덕은 곧 인간이 살아가며 지켜야 할 도리이다. 제사상 위의 조율시이는 단순한 상차림의 순서가 아니라 삶을 조화롭게 가꾸라는 조상의 가르침인 것이다.

오늘날 제사는 형식으로 남았다고 하지만 그 위의 과일 하나하나에는 여전히 조상들의 숨결이 머문다. 대추 한 알의 단단함, 밤 한 톨의 충실함, 감 한 개의 인내, 배 한 쪽의 순수함은 모두 삶의 방향을 일깨워 주는 상징이다.

조율시이는 조화와 절제, 그리고 때에 맞는 삶의 지혜를 뜻한다. 조상을 향한 제사는 결국 자신을 돌아보는 의식이며, 제사상 위의 과일들은 조상에게 드리는 공경의 표시이자, 우리 삶의 균형을 되찾게 하는 거울이다.

오늘 우리는 다시 제사상 앞에 앉아 조용히 과일을 차례로 올린다. 그리고 마음속으로 묻는다. “나는 지금, 내 삶의 조율을 잘하고 있는가.” 그 물음 속에서 비로소 조상의 가르침이 되살아난다.

주목(朱木), 천 년을 버틴 생명

강원도 태백산을 오르다 보면 해발 1,400미터를 넘는 능선에서 위풍도 당당한 나무들을 만나게 된다. 가지마다 붉은 기운을 머금고 굽이진 줄기를 품고 있는 주목나무다. '천 년을 사는 나무'라 부르는 주목나무. 마치 산신령처럼 산을 지키는 모습은 보는 이로 하여금 경외감마저 불러일으킨다.

주목나무는 한국의 고산 지대에서 자라는 대표적인 침엽수다. 그중에서도 태백산의 주목은 특히 아름답고 장엄하기로 유명하다. 나무를 보고 있노라면 겨울 하얀 눈 속에서도 푸름을 잃지 않고, 세찬 바람에도 몸을 낮추고 다시 뿌리 깊이 서는 그 모습이 마치 삶의 고난을 꿋꿋이 견뎌낸 존경의 대상으로 다가온다.

태백산 주목 군락은 천연기념물 제156호로 지정되어 보호받고 있다.

높은 산악지대에 자리 잡고 있어 쉽게 접근할 수는 없지만, 그만큼 자연 그대로의 위엄을 간직하고 있다. 특히 장군봉 기 있는 것만으로 모든 이야기를 들려준다."

일대에는 수령이 수백 년에서 1,000년에 이르는 노목들이 많다. 어떤 나무는 줄기 둘레가 성인 두세 명이 팔을 벌려야 겨우 감쌀 수 있을 정도다.

한 노학자는 이런 말을 남겼다.

"주목은 인간에게 침묵을 가르친다. 바람에도 말하지 않고, 눈보라에도 웃지 않는다. 그저 거기 있는 것만으로 모든 이야기를 들려준다."

실제로 주목나무는 말이 없다. 하지만 그 침묵 속에는 태백산의 눈보라, 바위틈에서 싹을 틔운 인내, 그리고 수많은 세월을 견딘 생명의 의지가 고스란히 담겨 있다.

주목처럼 성장 속도가 느린 나무도 드물다. 허리는 1년에 1mm 정도 굵어지고, 100년 동안 자란 키는 고작 10m 정도이며 허리둘레는 60cm 남짓이다.

주목은 비록 느리게 성장하지만 마지막까지 살아남아서 모든 나무의 주인인 주목이 된 것은 아닐까.

우리나라에서 가장 오래된 주목나무는 강원도 정선군 사북읍의 두위봉에 있다. 수령이 1,400살이 넘는다고 한다.

우리나라의 주목 자생 군락지는 태백산 외에도 덕유산, 소백산에 있다. 각각 지방기념물과 천연기념물로 지정되어 관리되고 있다. 그러나 안타깝게도 최근에는 지구온난화 때문에 고사목이 많이 생겨 보는 이의 가슴을 아프게 한다.

주목을 보면 세월의 풍파를 견뎌내고 살아남은 위엄이 느껴진다. 사풍이 몰아치는 한겨울 살을 에는 눈보라에도 아랑곳하지 않고 정상에 우뚝 서 있는 주목을 만나는 것은 겨울 산행의 또 다른 즐거움이다. 그 의연함에 절로 고개가 숙여진다.

주목나무를 주목하는 가장 큰 이유는 외모로 드러나는 화려함 때문이 아니라 다른 나무에 비해 성장 속도가 늦으면서도 장수하는 나무이기 때문이리라. 주목나무는 시간이 지날수록 고요하고 엄숙한 분위기를 풍긴다.

살아서 천년, 죽어서 천년이라는 주목나무는 100년이 되기까지는 10m

내외의 높이로만 자라다가 그 뒤부터 생장이 빨라진다고 한다. 긴 시간 내실을 견실히 한 후에 비로소 천년을 대비하는 신비로운 성장방식이다.

나무 성장에 관한 상식을 깨고 외형적인 성장만을 추구하지 않고 내면을 튼실하게 가꿔온 나무가 주목인 것이다. 주목의 나이테는 구별하기 힘들 정도로 그 간격이 촘촘하다. 우리 인간도 외형보다는 내실을 차분하게 준비하고 큰 도약을 준비하는 것이 성공의 비결임을 주목에게서 배워야 하지 않을까.

주목나무는 형태와 품종이 다양하기 때문에 정원수로도 인기다. 주로 해발 700m 이상의 고산지대 경사지에서 서식하는 아한대성 수종이나, 저지대에서도 잘 적응한다. 대한민국 전역에서 자라며, 러시아 동부, 일본, 중국 동북부 등에 분포한다.

어릴 때는 극음수이다가 커가면서 양수가 되는 특징이 있다. 어릴 때는 초식동물이나 눈보라로부터 보호하기 위해 다른 관목의 보호가 필요하기 때문이다.

현재까지 밝혀진 주목나무 품종은 100여 개에 이른다. 주목나무는 꽤 친숙한 나무지만 특정 시기에 더욱 관심을 끈다. 추운 겨울에 짙은 녹색의 침엽으로 가득 덮인 주목나무는 활엽수의 앙상한 나뭇가지와 강한 대조를 이룬다. 이른 봄 산에는 금빛의 솔방울이 가득 열리고 노란 화분이 땅바닥을 덮는다. 늦은 여름부터 진홍색의 수분이 많은 열매가 열린다.

주목나무는 껍질과 줄기 모두 붉은빛이 강하다. 썩는 데만도 천 년이

걸려서 3,000년에 걸쳐 그 명맥을 유지한다는 주목나무는 줄기의 색깔도 붉어서 그 이름까지도 붉을 주(朱)를 써서 주목(朱木)이다. 줄기 껍질은 물론 속도 붉고 꽃도 붉다. 그래서 주목은 겉과 속이 같은 변치 않는 존재의 상징이 되기도 한다.

오랜 기간 살면서도 변치 않는 마음을 간직하는 영원성의 상징인 주목나무는 벽사의 의미로 사용되기도 하였다. 주목에서 뽑아낸 붉은빛은 귀신을 쫓는 효력이 있다고 하여 궁궐에서 임금이나 궁녀의 옷감을 물들이는데 사용했다. 또 잘 썩지 않기 때문에 평양에서 발굴된 낙랑고분의 관처럼 왕실의 관을 짜는 데 사용하기도 했다.

주목나무는 약재로도 귀하게 사용된다.

특히 주목의 껍질과 잎에서 추출되는 '탁솔(Taxol)'은 항암 물질로 알려져 있다. 이러한 효능 때문에 남벌과 무분별한 채취로 인해 개체 수가 급감하면서 지금은 보호종으로 지정되었다.

태백산에는 이런 전설이 전해온다.

옛날 어느 시절, 한 무명의 선비가 태백산으로 들어와 오랜 세월을 수도하며 살았다고 한다. 사람들은 그가 죽었다고 생각했지만, 어느 날 그가 머물던 자리에 주목나무 한 그루가 자라고 있었다. 사람들은 그것을 '선비 주목'이라 불렀고, 지금도 그 자리엔 굽은 줄기와 붉은 가지를 가진 노목이 서 있다고 한다. 그 나무는 해마다 태백의 첫눈이 내리는 날이면 가지에 붉은 열매를 맺으며 마을을 내려다본다.

이 일화는 주목나무가 단지 나무가 아니라, 기억과 존재, 그리고 기도의 형상이라는 사실을 암시한다. 실제로 많은 사람들이 태백산을 찾을 때 주목 앞에서 기도를 드리거나 조용히 명상을 하곤 한다. 그들에겐 주목이 하나의 성소이자 위로의 공간인 셈이다.

태백산을 걷다가 문득 그런 생각이 들었다.

> "저 나무는 얼마나 많은 눈과 바람을 견뎠을까. 그 시간 동안 한 번이라도 삶을 포기한 적이 있었을까."

그 순간 주목나무의 붉은 기운이 마치 살아 있는 듯 내 마음을 감쌌다. 스스로는 움직이지 않지만, 수백 년을 산 그 나무는 이미 우리 모두의 마음속에서 움직이고 있는 것이다.

주목나무는 단순한 나무가 아니다. 그것은 인간의 인내와 생명의 강인함, 그리고 자연에 대한 겸손을 상징하는 존재다. 산을 오를 때마다 우리는 그 앞에서 다시 다짐한다.

> "조금은 느려도, 조금은 휘어도 괜찮다. 우리도 저 나무처럼."

한국인의 나무, 소나무

우리나라 사람들에게 가장 좋아하는 나무가 무엇이냐고 묻는 조사에서 단연 1위는 소나무이다.

최근 병해충과 산불 등으로 인해 2010년 조사에서 68%, 2015년 62%, 2020년 46%로 감소 추세이나 여전히 부동의 1위이다.

소나무 다음으로는 단풍나무, 벚나무, 은행나무, 편백나무 등이나 선호도는 각각 10% 이내이다. 이처럼 한국인의 소나무 사랑은 절대적이다.

애국가에 등장하는 '남산 위의 저 소나무'는 온갖 역경에도 굴하지 않는 한민족의 불굴의 상징으로 온 국민의 가슴속에 새겨져 있다.

소나무와 관련된 수많은 문화요소도 한국인의 삶 곳곳에 녹아 있다.

소나무와 함께 태어나서 소나무 속에서 살다가 소나무 근처에서 묻히는 조상들의 삶 때문에 한국인의 문화를 '소나무 문화'라고도 한다.

우리나라 풍속 중에 아기를 출산하면 대문에 금줄을 쳐서 외부인의 출입을 막고 정결을 유지하였는데 출산한 아기의 성별을 알리기 위해 아들이면 붉은 고추를 숯덩이와 함께 금줄에 끼우고, 딸이면 고추대신 솔가지를 끼웠다. 지금은 대문이 없는 아파트 거주와 병원 출산이 보편화되어 많이 사라졌지만 농촌지역에서는 여전히 이어지는 우리 풍습이다.

태어나면서 부터 소나무와 가까이 한 우리 민족은 죽어서도 소나무와 함께 했다. 임금의 관을 비롯한 최고의 관은 소나무로 만들었다. 무덤 주변의 최고의 나무도 소나무였다. 왕릉에도 어김없이 소나무를 심었다. 이처럼 소나무는 우리 민족에게 태어나면서 죽을 때까지 함께 하는 나무다.

많은 일화도 전해오고 있다.

그중 하나는 너무도 잘 알려진 벼슬을 받은 소나무이야기다. 조선시대 세조는 피부병이 있어서 병을 고치기 위해 여러 명산을 찾아 다녔다. 1464년 세조는 충청도 속리산 법주사를 방문하였다. 그런데 임금의 행차 중 임금이 타고 있던 가마가 어떤 소나무 밑을 지나다 소나무 가지에 걸릴 상황이 되었다. 이에 당황한 가마꾼들이 “연이 걸린다.”고 소리치자 소나무는 스스로 가지를 쳐들어 임금의 가마(연)가 무사히 지나가게 해주었다. 참으로 기이한 일이었다.

임금이 법주사를 방문하고 한양으로 돌아갈 때 다시 이 소나무 아래에 이르자 갑자기 소나기가 왔다. 세조 일행을 급히 소나무 아래에서 비

를 피하게 되었다. 세조는 거듭된 이 소나무의 도움에 신기하고 감사하여 일개 나무임에도 불구하고 특별히 정이품 벼슬을 하사하였다. 지금도 '정이품송'은 그때의 일화를 간직한 채 속리산 법주사 입구를 지키고 서 있다.

우리 선조들은 소나무를 보호하기 위해 여러 정책들을 폈다.

고려시대 현종은 성안의 소나무와 잣나무의 남별을 금하고 이유 없이 소나무를 베는 것을 엄하게 금지하였다.

조선시대에는 왕족이 죽으면 몸통 속 부분이 누런색을 띠고 재질이 좋은 소나무로 관을 만들었는데, 이렇게 몸통 속 부분이 누런 소나무를 '황장목'이라고 불렀다. 이를 국가차원에서 보호하기 위하여 황장봉산을 지정하였고, 일반인의 접근을 막고 무단 벌채를 엄격하게 금하였다.

지금도 울진, 봉화, 영덕, 청송 등 백두대간 금강소나무 숲길은 산림보호 차원에서 개인의 자유탐방은 금지되어 있다. 사전 예약으로 숲 해설가와 함께 하는 탐방만 가능하다.

소나무가 다른 나무보다 한국인의 사랑을 받는 또 다른 이유는 소나무가 가진 고결한 정신 때문이다.

겨울에도 변함없는 푸르른 기상 때문에 과거 선비들에게는 지조와 절개의 상징이었다. 회화와 시가에서는 십장생의 하나로 사랑받았다.

무궁화와 함께 애국가에 등장하는 서울 남산의 소나무.

조선시대 남산에는 소나무 숲이 우거졌다. 서울의 내사산 중 궁궐 근처라 접근하기 어려웠던 북악산이나 인왕산과 달리 남산은 백성들에게 친숙하고 사랑받는 곳이었다. 그러나 일제강점기 때 산기슭에 일본인 거주지가 형성되면서 남산은 급격히 훼손되었다. 일본이 일으킨 전쟁 때문에 남산 소나무는 군수물자용으로 마구 베어지기도 했다. 그 후 소나무가 베어진 남산은 무분별하게 개발되었다. 산자락마다 별의별 건물들이 들어서기 시작했다.

산다운 모습과 숲의 기능을 잃어버린 남산은 겨우 1990년대 들어서야 원래의 모습을 되찾기 위한 노력을 시작했다. 1990년 서울시는 남산에 소나무 900그루를 포함하여 5,400그루의 나무를 새로 심었다. 1994년 '남산 제모습찾기 사업'의 일환으로 22년간 남산의 한 귀퉁이를 차지했던 외인아파트를 철거하였다. 이외에도 단독주택 단지 및 외국공관 시설, 미군 종교 휴양소 등의 부적격시설들도 단계적으로 철거했다. 이때 '남산'으로 별칭 되던 안기부도 다른 곳으로 이전했다.

2001년 1월, 서울시는 "남산의 나무 중 절반이 소나무이며, 남산 소나무 숲이 회복 상태에 접어들었다."고 발표했다. 그리고 2015년 기준 남산에는 5만 여 그루의 소나무가 자라고 있다.

2025년 현재 남산 전체 면적 중 소나무 군락지는 약 20%이며 소나무 개체 수는 약 5만 5천 그루 내외이다.

서울시는 '지속가능한 남산 프로젝트'를 통해 소나무를 단순 유지를 넘어 생태적으로 더 건강하게 복원하려는 계획을 세워 다행이다.

이제 시간을 내어 남산 소나무를 반갑게 만나러 가보길 권한다.

소나무는 무덤가에 둘러서 심기도 하였다.

소나무를 제외한 다른 수종을 제거하는 숲 관리가 한동안 계속 되면서 소나무와 무덤이 있는 경관은 우리나라 농촌지역의 대표적인 경관 중 하나가 되었다.

소나무 숲을 그대로 두면 자연적인 천이 과정으로 활엽수가 주를 이루는 숲으로 변할 수 있기에 인위적인 소나무 보호 정책을 전개해 왔던 것이다. 우리 민족의 소나무에 대한 애착이 소나무 숲을 보존하게 하였으며 이러한 측면에서 소나무는 우리나라 '문화적 중추종'이라고 할 수 있다.

최근 들어 우리나라 소나무는 안타깝게도 고난을 겪고 있다.

소나무 숲은 재선충병, 솔잎혹파리 등에 시달리며 기후 변화와 함께 면적이 점점 줄어들고 있다. 소나무 재선충병의 치사율은 거의 100%다. 1988년 발병 이래 860만 그루의 소나무가 베어졌고, 2014년에만 220만 그루, 2015년 말까지 총 1,000만 그루의 소나무가 사라졌다.

소나무는 1억년 이상 한반도에 살아왔으며 우리나라 전체 산림의 23%까지도 차지했었다. 1988년 수입목재를 통해 일본에서 부산으로 건너온 재선충의 번식력은 실로 대단하다. 재선충이 침투한 소나무는 수분과 양분의 이동이 막히면서 말라 죽는다. 혼자서 이동할 수 없는 재선충은 솔수염하늘소를 매개충으로 삼아 다른 나무로 옮겨 다닌다. 산림청을 중심으로 입체적인 방제 대책이 필요하다.

소나무의 시련은 이에 그치지 않는다.

최근에는 기상이변에 따른 산불 발생의 증가로 전 국토가 불타고 있는데 최대 피해 수종이 바로 소나무이다. 소나무의 송진은 산불 진화를 어렵게 한다. 이는 이미 알려진 소나무의 고유한 속성이다.

그러나 소나무 특성 외에 소나무 중심 숲 조성이 산불 피해 확산의 한 요인으로 최근 중점 부각되고 있다.

소나무는 햇빛을 좋아하는 침엽 양수이며 여타 초본식물이나 관목과의 공생을 잘 허용하지 않는다. 이러한 특성상 소나무 숲에 발생한 산불은 잘 진화되지도 않고 다른 지역으로 빠르게 확산된다.

그래서 소나무 대신 다른 수종으로 우리 산림 형태를 변경시켜야 한다는 주장 등으로 소나무는 때 아닌 천덕꾸러기가 되고 있다.

이래저래 우리가 가장 사랑하는 우리 민족의 나무, 소나무는 지금 시련중이다.

진짜 나무, 참나무

숲은 우리 인간에게 많은 것을 제공한다. 신선한 공기와 맑은 물은 물론 피톤치드, 음이온 등 건강에 유익한 각종 치유 물질도 제공한다.

우리 민족은 숲에서 많은 것을 얻고 살았다. 초근목피로 끼니를 때웠다는 건 지금 시대에는 믿기 어려운 이야기가 되었지만 헐벗고 가난한 시절을 버티게 해준 것도 숲이었다.

우리에게 먹을거리를 제공하는 여러 나무 중에서 참나무류를 빼놓을 수 없다. 묵의 재료인 도토리를 열매로 맺는 참(眞), 참나무.

서양에서 도토리는 권력과 부를 상징한다. 컴퓨터 사이버머니로 도토리를 차용한 이유다. 반면에 '도토리 키 재기', '개밥에 도토리'처럼 부정적인 표현들도 있다.

다람쥐의 식사인 도토리는 밤과 달리 타닌 성분이 많아서 떫다. 그래서 묵을 쑤어 먹어야 했다. 이제는 향수를 달래주는 웰빙 식품이 되었지만, 옛날 먹거리가 부족했던 시절에는 구황식물로 큰 기여를 했다. 어느 마을 입구에 덩치 큰 상수리나무 줄기에는 상처가 나 있는 것을 자주 볼 수 있는데, 이는 대개 도토리를 따려고 나무를 흔들고 돌로 때린 흔적이다. 상처 받은 나무는 물론 먹을 것이 귀했던 당시 시절이 떠올라 안타까움이 더 한다.

건강 식재료인 표고버섯도 참나무의 선물이다.

표고버섯은 죽은 참나무 섬유소를 분해하여 먹고 자란다. 참나무가 우리에게 주는 귀한 버섯이다.

흔히 미식가들 사이에선 '일능이, 이표교, 삼송이'라는 말로 버섯의 맛과 가치를 순위로 매기곤 하는데, 참나무에서 생산되는 표교버섯이 그 비싼 송이버섯을 제치고 은메달이다. 자연산 표고버섯은 '산에서 나는 고기'라고 불릴 만큼 감칠맛(구아닐산)이 뛰어나고 영양이 풍부하다. 향과 맛의 조화가 가장 완벽한 버섯으로 평가된다.

참나무의 쓰임은 먹거리에만 그치지 않는다.

참나무로 만든 숯을 다른 숯과 구분하여 참숯이라고 부른다. 그중에서도 백탄 참숯은 매연이 많이 나지 않을 뿐만 아니라 오래 잘 타기 때문에 최고의 대우를 받는다. 옛날부터 숯불구이를 즐기는 우리 민족에게 참숯은 귀중한 연료다. 한국의 산하에 많이 존재하는 소나무는 송진 때문에 화력은 좋지만 매캐한 연기가 많이 나는 편이다. 한국에서 고급

땔감으로 유통되는 대부분이 참나무인 이유다.

참숯은 달구어져 다리미질에도 사용되었다. 지금은 자료에서나 볼 수 있지만, 전기다리미가 없던 시절 참숯은 옷감을 손질하는 데도 유용하게 사용됐다.

참나무 중에서 상수리와 굴참나무는 목재가 단단하여 '강참'이라 불리며 농기구자루 등에 이용되었고 신갈, 졸참나무, 갈참나무는 '물참'이라 하여 목재가 연한 성질 때문에 건축내장재로 사용되었다. 더 크고 곧은 나무가 필요한 건축재나 선박재로 사용된 경우는 드물다. 수형이 대체로 구불구불한 참나무의 특성 때문이다.

굴참나무 껍질인 굴피는 강원도 지방에서는 지붕의 재료로 사용했다. 굴참나무, 상수리나무의 두꺼운

나무껍질을 평평하게 한 후 적정한 크기로 잘라 지붕을 이었다. 굴피집이다. 짚, 기와 등 지붕 재료를 얻기 어려운 화전민 주거에서 많이 볼 수 있다.

참나무속에 속하는 식물은 전 세계적으로 약 500여 종에 이른다. 원시적인 꽃을 피우고 도토리 열매를 맺는다. 60m에 달하는 거목에서부터 3m가량밖에 자라지 않는 관목까지 종류가 다양하다.

영어 단어 'oak'와 한국어 단어 '참나무'는 도토리가 열리는 참나무과(Fagaceae) 참나무속(Quercus)의 다양한 나무들을 부른다는 점에서 같은 단어라고 볼 수 있다.

서양에서 고급 포도주나 위스키를 숙성시키는데 사용되는 오크통이 바로 참나무이다. 참나무의 페놀 성분이 태워져 만들어지는 바닐린 성분이 바닐라 향을 더해준다. 타바스코 소스도 오크통에 숙성해 만들어진다. 코르크 마개의 재료도 참나무다.

참나무는 긍정적인 의미의 접두사인 '참'이 붙은 것만 봐도 알 수 있듯이 이처럼 쓰임새가 많은 나무다.

한국을 포함한 동아시아에서 참나무라고 함은 참나무과, 참나무속에 속하는 상수리나무, 신갈나무, 떡갈나무, 굴참나무, 갈참나무, 졸참나무를 가리킨다. 이 나무들은 제각기 도토리를 맺기 때문에 '도토리나무'라고 부르며 6종이기에 참나무 6형제라고 한다.

이들은 대체로 서로 다른 산 높이에서 터 잡고 살아가는데, 상수리나

무가 제일 밑인 산 아랫마을 근처에, 그 바로 위에 굴참나무, 졸참나무, 갈참나무가 살고 맨 위쪽에 신갈나무가 산다.

참나무는 변종과 잡종이 많아 각각을 정확하게 식별하기는 쉽지가 않다. 그나마 쉽게 식별할 수 있는 것은 겨울철 떡갈나무다. 떡갈나무는 겨울철에도 잎자루와 가지 사이에 떨켜세포가 잘 형성되지 않기 때문에 겨울에도 시든 잎을 그대로 매달고 있다. 우리나라 겨울 산에서 넓은 잎을 달고 있는 나무는 대개 떡갈나무다.

지름 50cm의 굵은 참나무 한 그루에는 보통 1만 개의 도토리가 달린다. 다람쥐와 새들은 도토리를 먹고 나머지는 다음에 먹기 위해 이끼나 낙엽으로 덮어 감춘다. 이 중에서 반절 정도는 되찾아 먹고 나머지는 숨겨 놓은 사실조차 잊어버린다. 그 덕분에 남은 도토리는 다음 해 싹을 틔우니 참으로 오묘한 숲 식구들의 공존이다.

숲의 동물들에게 먹을 것을 제공하고 역설적이게도 그들 덕분에 자손을 널리 퍼뜨리는 참나무.

우리 인간계는 언제쯤 서로 돕는 평화와 공존이 올 것인가.

봄의 전령, 생강나무, 산수유

우리나라의 봄은 노란색으로 시작한다.

주변의 여기저기에 샛노란 개나리가 흐드러지고 이산저산에는 생강나무와 산수유가 노란 꽃을 피워 봄이 시작되었음을 다투어 알린다. 생강나무가 꽃을 피우고 한참을 지나야 봄의 상징 진달래와 벚꽃을 볼 수 있으니 생강나무는 진정 노란색 봄의 전령사다.

생강나무는 녹나무과 식물들이 그러하듯 특유의 냄새가 있다. 잎이나 어린 가지를 잘라서 비비면 독특한 냄새가 나는데 그것이 바로 생강 냄새이다. 그래서 붙여진 이름이 생강나무다. 산속에서 마주하는 생강나무의 냄새는 산행의 상쾌함을 더해준다.

생강나무는 크게 자라봐야 3미터를 넘지 못하는 관목인데 높게 자라는 교목사이에서도 견디며 잘 자란다. 우리나라 어느 곳에서나 사시사

철 제각기 다른 모습을 보여주며 자라고 있다. 특히 3월, 초봄이 되면 가지에 잎보다 먼저 노랗고 둥근 꽃망울을 터트린다. 암수딴그루로 암꽃과 수꽃을 각기 따로 피워낸다. 꽃망울에는 금이 있는데 나무에 물이 오르면 그 금을 따라 꽃덮개가 벌어진다. 이 작은 꽃들은 잎도 없이 마른 가지에 바싹 붙은 채 우산처럼 동그랗게 모여 핀다. 작고 노란 꽃을 하나씩 자세히 살펴보면 꽃덮개가 여섯 갈래로 깊이 갈라져 있고 그 속에는 암술 한 개와 그 둘레를 둘러싼 수술 아홉 개가 있다. 수술 아홉 개

에서 안쪽의 수술 여섯 개는 꿀샘이 없고 바깥쪽 수술 세 개의 밑에만 꿀이 고인다. 작은 꽃들은 모여 우산 모양의 꽃차례를 만들고 꽃차례를 달고 있는 노란 줄기의 길이가 짧아 마치 마른 나뭇가지에 자루 없이 바로 꽃이 붙어 있는 듯이 보인다.

남들보다 서둘러 봄을 맞이해 산을 혼자 독차지하던 생강나무 꽃들이 시들어갈 즈음에 생강나무의 새순이 올라온다. 잎의 모양은 그 향기만큼이나 독특하다. 잎의 맥은 크게 셋으로 갈라지고 갈라진 맥을 중심으로 잎의 윗부분이 크고 둥글게 셋으로 갈라진다. 가장자리는 밋밋하고 손가락 두 마디쯤 되는 잎자루에는 털이 있다. 9월쯤 맺기 시작하는 열매는 1센치미터를 넘지 못하는데 노랗게 달렸다가 차차 빨갛게 변하고 완전하게 크면 검은빛을 띠어 색 변화도 무척 조화롭다. 생강나무는 꽃, 잎, 열매 모두 사랑스럽다.

생강나무는 오랜 세월을 우리 선조들과 함께 살아왔다.

그 살아온 세월만큼이나 우리나라의 각 지역과 쓰임새에 따라 다양한 이름이 존재한다. 생강나무의 까만 열매로 기름을 짜는데 그 기름은 동백기름처럼 부인들의 머릿기름으로 쓰였다. 그래서 날씨가 추워 동백나무가 자라지 않은 중부 이북 지방에서는 생강나무를 산동백나무라고 불렀다.

종자에서 짜내는 머릿기름은 향기도 좋고 질도 좋아 인기였다. 강원도지역에서는 동박나무라고도 하는데 김유정의 소설 '동백꽃'에서 점순이가 뛰어 놀던 나무는 동백나무가 아니라 노란 생강나무의 강원도 식 표현이었던 것이다. 옛날 소설 표지에 빨간 동백나무 꽃이 그려져 있는 것을 발견하곤 하는데 이는 책 편집자의 오해의 결과이다.

한방에서는 생강나무를 '황매목'이라 한다. 매화처럼 일찍 노란 꽃이 피어서 붙은 이름인 듯하다. 특히 가지는 '황매피'라고 하여 햇볕에 말린 뒤에 그대로 잘게 썰어 한방에서 사용하는데 좀 신맛이 난다. 이것은 위를 튼튼히 하는 건위제로 쓰이고 복통, 해열에도 효과가 있으며 간을 깨끗하게 하는 데도 쓴다. 노란 꽃은 따서 꽃차의 풍미를 즐기기도 한다.

작설차로 일컬어지는 것에는 여러 가지가 있는데 생강나무의 여린 잎을 말려 만든 것도 작설차로 부른다. 산골 아낙들은 봄에 새순이나 잎을 채취하여 나물로 부치거나 찹쌀가루를 묻혀 튀기기도 했다.

생강나무는 봄에는 물론 가을 단풍 때도 그 멋스러움을 뽐낸다.

울긋불긋 산야를 수놓으며 남쪽에서 북쪽으로 올라가던 꽃 소식과는 반대로 남쪽으로 내려가는 단풍의 물결은 붉은 단풍과 노랗게 물든 단풍이 서로 섞여 있어야 더욱 아름답게 보이기 마련이다. 그 가운데 두드러지게 고운 노랑으로 물든 잎을 보면 어김없이 생강나무이다. 생강나무는 봄 꽃은 물론 가을 단풍도 무척 아름답다.

생강나무와 마찬가지로 초봄을 노란색으로 물들이며 꽃 모양도 서로 비슷한 나무가 산수유다.

산수유도 생강나무처럼 개나리나 벚나무보다 훨씬 일찍 꽃을 피운다. 매화나 동백이 산수유보다 더 일찍 꽃을 피우나 대개 남쪽에서만 자라고 또 따사로운 봄보다는 아직 추운 겨울 꽃이라는 느낌이 강하기에 사람들은 봄을 알리는 대표적인 나무로 생강나무와 더불어 산수유를 꼽았다.

생강나무의 꽃은 멀리서 보면 산수유와 비슷하지만 꽃자루가 짧고 털이 밀생하며 수술이 짧아 꽃 밖으로 나오지 않은 점이 특징이다. 반면 산수유는 꽃자루가 길며 생강나무와 달리 암수한그루이다. 열매의 색깔도 생강나무는 검고, 산수유는 붉다. 식물학상 분류도 녹나무과와 층층나무과로 서로 다르다.

그럼에도 불구하고 우리가 생강나무와 산수유를 혼동하는 이유는 초봄 같은 시기 온 산하를 처음으로 노랗게 물들이는 나무들이기 때문일 것이다.

산수유의 가지에는 봄이면 꽃송이들이 둥글게 모여 달린다. 생강나무처럼 산수유도 잎보다 먼저 노란색 꽃만을 피워내는데 탁구공보다 작고 둥근 꽃송이들은 실제로 수십 송이의 작은 꽃들이 모여 있는 꽃차례다. 작은 꽃들이 한데 모여 언뜻 화사하게 느껴지지만 좁쌀알처럼 작고 길쭉한 꽃봉오리가 벌어져 피워낸 꽃들도 콩알만 하다. 그래도 그 속에는 네 개의 꽃잎과 네 개의 수술, 한 개의 암술 등 모든 것을 완전하게 갖추고 있다. 이 모든 기관들이 모두 밝은 황금색이며 이 작은 꽃들이 마치 우산살처럼 같은 길이로 둥글게 달려 있다. 이러한 모양으로 이른 봄에 꽃만, 그것도 노란색으로 피어 생강나무와 함께 봄을 힘차게 알리는 것이다.

꽃이 지면서 돋기 시작하는 잎도 아주 보기 좋다. 가지에 서로 마주 보고 달리는 적당한 크기의 타원형 잎에는 윤기가 흐르고 그 잎맥이 양쪽으로 줄지어 나면서 잎 가장자리까지 위를 향하여 둥글고 길게 이어지는 것이 아주 특색이 있다.

산수유를 조금만 가까이서 보면 어느 때나 그 나름의 특색을 가지고 순간순간을 맞이하고 있음을 알 수 있다. 날씨가 풀리며 노랗게 터뜨리는 꽃망울은 몰론 사랑스러운 잎새도 여름내 보기 좋다. 가을이 되어 맺는 열매의 모양도 예쁘지만 산수유 열매의 그 귀한 쓰임새는 산수유의 계절이 가을임을 알게 한다. 열매는 씨를 빼고 말려 한약 재료로 사용하기도 하고 열매 전체로 과실주를 빚기도 한다.

겨울, 한 해를 끝맺음하는 열매 옆이나 가지 끝에 작은 눈(Bud)들이 자리 잡고 있음을 보게 된다. 내년 봄 꽃으로 태어날 수십 개의 예비 꽃들이 포개져 자리 잡고 있다. 우리가 알고 느끼는 결실의 순간에 이미 또 다른 세대가 잉태되고 있는 것이다.

산수유의 갈색 껍질은 얇은 조각으로 벗겨지는데 그러고 나면 다시 새 껍질이 생기기를 반복하여 독특하고 운치 있는 무늬를 만든다. 꽃과 잎과 열매를 열심히 만들면서 나무껍질마저도 새롭게 거듭나기를 쉬지 않는 산수유의 부지런함에 경의를 표한다.

산수유는 한동안 중국이 원산지로 알려져 있었으나 1920년대에 경기도 광릉에서 산수유 거목 두세 그루가 발견되고 그 뒤 연구를 통해 우리나라가 자생지임이 확인되었다.

산수유가 우리나라 자생 나무라니 더욱 정겹다. 닮은 듯 다른 듯, 하지만 봄이면 노란색으로 어김없이 자신의 존재감을 드러내어 우리를 숲으로 불러내는 생강나무와 산수유.

다음 봄에는 좀 더 가까이 다가가 향기도 맡아 보고, 만져도 보고, 가만히 소리도 들어봐야겠다. 숲과 나무는 오감을 열고 느껴야 제대로 느끼는 것이다.

사과나무 아래에서

수확의 계절 가을이다.

시장에는 온갖 과일이 사람들의 지갑을 열게 한다. 그중 우리 한국인에게 전통적으로 사랑받아온 과일의 으뜸은 사과가 아닐까.

사과나무는 사계절 모두 우리에게 선물이다.

봄이면 사과나무는 가장 먼저 꽃소식을 전한다.

연둣빛 새순이 돋고 가지마다 작은 꽃봉오리가 다투어 터진다. 하얀 꽃잎에 분홍빛이 살짝 감도는 그 모습은 수줍은 미소와도 같다. 바람이 불면 꽃잎이 흩날리며 눈송이처럼 내려앉는다. 그 풍경은 짧지만 강렬해 한 해를 알리는 축제와 같다. 매화, 자두, 살구, 벚나무 등 예쁜 꽃을 뽐내는 장미과 형제들과 온 산야에 봄을 알린다.

여름이 오면 사과나무는 푸른 잎을 무성하게 틔운다.

가지는 햇살을 막아 그늘을 드리우고 새들은 그 사이에 보금자리를 튼다. 바람에 잎사귀가 흔들리는 소리는 마음의 속도를 늦추고 잠시 쉼을 허락한다. 여름의 사과나무는 작은 숲이며 생명의 울타리다.

가을의 사과나무는 그 어떤 나무보다도 풍요롭다.

가지마다 햇볕을 머금은 열매가 주렁주렁 달려 붉게 빛난다. 농부의 손길과 아이들의 웃음소리가 밭을 채운다. 수확의 계절, 한 알의 사과를 베어 물면 새콤달콤한 맛과 함께 그간의 기다림을 보상받기 충분하다.

겨울의 사과나무는 앙상하지만 고고하다.

잎도 열매도 모두 떠나보내고 고요히 서 있으나 그 침묵 속에는 이미 다음 봄을 준비하는 힘이 숨어 있다. 눈 덮인 가지 위로 햇살이 스며들면 나무는 다시 꽃을 피울 약속을 한다. 사과나무의 겨울 눈에는 다음 해가 모두 담겨 있다.

이렇듯 사과나무는 모든 계절 친숙하고 정겹다. 그래서일까 동서고

금 사과나무는 단순한 과수가 아닌 특별한 나무로 다가왔다.

인류의 오래된 일화에 특별한 상징으로 등장하는 사과나무. 성경의 '선악과'는 인간의 운명을 바꾸었고, 그리스 신화의 '황금사과'는 트로이 전쟁을 불러왔다. 뉴턴의 사과는 과학사의 상징처럼 남았다. 진실여부를 떠나 한 알의 사과가 인간의 지혜와 깨달음을 상징한다.

사과는 중앙아시아가 원산지이다. 전한시대 장건이 서역을 정벌하면서 중국에 전파된 것으로 보고 있다. 우리나라에는 고려시대 유입된 것으로 보인다. 그러다가 1900년 전후 미국 선교사들이 대구와 평양에 처음으로 서양 사과 묘목을 심으면서 과수로서 우리 땅에 뿌리내리기 시작했다. 이후 다양한 품종과 재배법이 도입되었다. 당시 사과를 재배하기 적합한 기후인 경북과 충북 일대가 주산지가 되었다. 그중에서도 대구는 사과의 고장으로 한때 '대구 사과'라는 이름은 품질 좋은 과일의 대명사였다. 대구에는 사과를 많이 먹어 미인이 많다고도 할 정도였다.

한국전쟁 직후 황폐해진 땅에 농민들은 특용작물로 본격적으로 사과나무를 심었다. 그리고 몇 해 뒤 가지마다 붉게 익은 열매가 매달린 풍경은 폐허 속에서도 다시 살아날 수 있다는 희망의 증거이기에 충분했다. 당시 사과밭은 회복과 부활의 상징이었다. 70년대 제주 감귤밭처럼.

사과 품종 중 붉은색인 '홍옥'은 신맛과 단맛이 적당해 아이들과 여자들의 사랑을 많이 받았다. 껍질이 푸른색인 '인도'는 육질이 단단한 반면 수분이 적어 눈이 내리는 겨울에 먹으면 달콤한 밤을 먹는 듯했다. 황금색 '골덴' 품종은 향기가 짙고 육질이 연해 아이스크림을 먹는 느낌이다. '국광'은 홍옥에 비해 알이 작다. 단맛과 신맛이 적당하나 향기가 적다. 12월에 수확해 만생종으로 인기를 얻었다. 그 밖에 스타킹, 이와이 등 품종도 다양했다. 그러다가 언제부터인가 이런 품종들은 접하기가 어렵게 되었고 사과하면 부사가 대세가 되었다. 여러 품종들의 장점을 모아 개량한 것으로 여타의 품종들의 자리를 빼앗아버렸다. 점점 발달하는 현대의 육종기술은 더욱 맛있고 크기도 큰 사과를 생산하고 있는데 가끔은 지금은 접하기 어려운 옛날의 품종들이 그립다.

한국인의 생활 속에 사과는 정겹다.

손님을 맞을 때 막 깎아낸 사과를 내놓는 일은 지금의 커피 대접보다 일상이었다. 가족이 둘러앉아 사과를 한 조각씩 나누어 먹는 풍경은 그 자체로 따뜻한 정이었다. 운동회나 소풍에 챙겨 가던 사과, 싸늘한 가을 공기와 함께 베어 물던 사과의 맛은 세대마다 공유하는 기억이다.

그러나 지금 사과나무는 새로운 시련을 맞고 있다.

사과는 겨울의 추위를 견뎌야 봄에 꽃을 피운다. 하지만 지구온난화로 인해 겨울이 짧아지고 따뜻해지면서 남부지역에서는 꽃이 제때 피지 않거나 열매의 크기와 맛이 떨어지기도 한다.

농촌진흥청 자료에 따르면, 30년 전 전체 사과 생산량의 절반 이상을 차지하던 경북 지역의 비중은 줄어들고 있다. 그 대신 강원도 철원, 화천, 태백 같은 북부 지역이 새로운 재배지로 떠오르고 있다. 불과 한 세대 전만 해도 상상하기 힘든 변화다.

얼마전 숲해설가 선후배들과 강원도 정선군 덕산기계곡에 나무공부를 갔다가 새로 조성된 현지 사과농장을 보고 반갑기도 했지만 씁쓸한 마음을 지울 수 없었다. 사과나무는 더위를 피해 정선까지 와 있었다.

사과나무의 병해충 문제도 심각하다.

그동안 겨울에는 죽던 해충들이 고온에 계속 살아남아 봄부터 나무를 괴롭힌다. 농민들은 더 많은 비용과 노력을 들여야 한다. 하지만 과학자와 농민들은 포기하지 않고 더위와 병충해에 강한 품종을 새로 개발하고 스마트팜 기술로 온도와 습도를 조절하며 새로운 길을 찾는다. 어떤 농가는 드론을 띄워 해충을 관리하고 또 다른 농가는 차광막을 설치해 뜨거운 햇살을 막기도 한다.

하지만 수확량은 줄고 일손은 더 필요한 심각한 상황이 계속되고 있다. 가끔씩 뉴스에 등장하는 '금값사과'는 언제든지 재현될 수 있다.

지금 사과밭은 기후변화의 전쟁터다.

가을의 사과밭에 서면, 붉게 익은 열매들 사이로 햇살이 흘러든다. 그것은 단순한 빛이 아니라, 기다림의 결실이자 자연의 선물, 그리고 인간과 함께 걸어온 세월의 증거다.

나는 바란다. 앞으로도 우리의 아이들이 가을 사과밭에서 이 풍경을 보기를.

추석을 앞두고 햇살에 빛나는 사과를 보며 계절의 기쁨을 온전히 느끼기를.

어떤 가수는 열창했다.

방송에서 그리고 거리마다 스피커를 통해 자주 들었던 그의 노래에 우리는 공감했다.

"종로에는 사과나무를 심어보자. 그 길에서 꿈을 꾸며 걸어가리라."

현대인과 산림치유

산림치유 이론

산림치유 자원

산림치유 프로그램

치유의 숲

숲과 산림치유

치유의 숲

현대인과 산림치유

현대 사회를 살아가는 이들에게 도시의 일상은 곧 '긴장'의 연속이다. 고층 빌딩의 숲, 끊이지 않는 소음, 인공적인 조명과 미세먼지는 인간의 신경계를 쉼 없이 자극한다. 이러한 환경 속에서 현대인은 만성피로와 스트레스 관련 질환에 노출되어 있다. 하지만 우리는 본래 자연의 일부로 진화해 왔다. 인류 역사의 99% 이상을 숲에서 보낸 인간의 몸에는 여전히 자연에 반응하는 유전자가 각인되어 있다. 최근 주목받는 '산림치유'는 바로 이러한 생물학적 유대감을 바탕으로 숲의 다양한 환경 요소를 활용해 인체의 면역력을 높이고 건강을 증진하는 활동을 의미한다.

시각과 청각의 조화 : 뇌를 휴식하게 하는 자연의 파동

숲에 들어서는 순간 우리가 느끼는 해방감은 시각적 요소에서 시작된다. 자연의 녹색은 눈의 피로를 풀어줄 뿐만 아니라, 뇌의 알파파를 활성화하여 심리적인 안정감을 유도한다. 특히 자연 경관 속에는 '프랙탈(Fractal)' 구조라 불리는 기하학적 패턴이 존재한다. 나뭇가지의 갈래, 고사리 잎의 모양처럼 작은 구조가 전체 구조를 반복하는 이 패턴을 바라볼 때, 인간의 뇌는 인공적인 건축물을 볼 때보다 훨씬 적은 에너지를 소모하며 깊은 휴식 상태에 들어간다.

청각적 요소 또한 강력한 치유제다. 도심의 소음은 불규칙하고 자극적이지만, 숲의 소리는 다르다. 시냇물 소리, 바람에 스치는 나뭇잎 소리, 새소리는 이른바 '백색소음(White Noise)'의 특성을 띠며 인간의 청각을 부드럽게 감싼다.

* **고혈압 개선 사례**: 삼성서울병원과 산림청의 공동 연구에 따르면, 고혈압 환자들이 숲속을 한 시간 동안 거닌 뒤 혈압을 측정했을 때 수축기 혈압이 평균 150mmHg대에서 130~140mmHg대로 유의미하게 감소하는 결과가 나타났다. 이는 숲의 소리와 풍경이 교감신경의 흥분을 억제하고 부교감신경을 활성화하여 혈관의 긴장을 완화했기 때문이다.

후각의 연금술 : 피톤치드와 면역력의 비밀

산림치유의 핵심 요소로 가장 널리 알려진 것은 '피톤치드(Phytoncide)'

다. 이는 나무가 미생물이나 해충으로부터 자신을 방어하기 위해 공기 중으로 내뿜는 휘발성 유기화합물이다. 우리가 숲에서 맡는 특유의 상쾌한 향기가 바로 이것이다. 놀라운 점은 식물의 방어 물질인 피톤치드가 인간에게는 강력한 면역 강화제로 작용한다는 사실이다.

* **항암 및 면역력 강화 사례**: 유방암 수술 후 회복 중인 환자들을 대상으로 한 임상 시험에서, 2박 3일간 숲에 머문 그룹은 도시에서 휴식한 그룹에 비해 항암 면역 세포인 NK세포(Natural Killer Cell)의 활성도가 약 40~50% 증가했다. 특히 주목할 점은 이 면역력 증강 효과가 일상으로 복귀한 후에도 최대 30일간 지속되었다는 것이다. 이는 숲에서의 경험이 일시적인 기분 전환을 넘어 실질적인 신체 방어 체계를 재건한다는 것을 입증한다.

산림환경이 질병에 미치는 구체적 개선 사례

산림치유의 효과는 단순히 '기분이 좋아지는 것' 이상의 의학적 효용을 지닌다. 다음은 국내외 임상 연구를 통해 밝혀진 구체적인 질환별 개선 사례들이다.

* **아토피 및 피부 질환**: 아토피성 피부염을 앓는 어린이들이 숲 유치원이나 산림캠프에 참여했을 때, 가려움증을 유발하는 면역글로불린 수치가 도시 거주 시보다 약 30% 이상 감소했다. 숲의 적절한 습도와 청정 공기, 그리고 토양 속 유익한 미생물들이 과민해진 면역 체계를 진정시키기 때문이다.

* **우울증 및 알코올 의존증**: 산림청과 충북대학교의 연구 결과에 따르면, 우울증

환자들이 4주간 주 1회 산림치유 프로그램에 참여했을 때 우울 지수(BDI) 수치가 '심한 우울' 단계에서 '정상' 범위로 개선되었다. 알코올 의존증 환자들 역시 숲에서의 명상과 활동을 통해 단주 의지가 강해지고 뇌의 보상 회로가 정상화되는 경향을 보였다.

* **인지 기능 및 치매 예방:** 산림 환경에서의 가벼운 보행과 감각 자극은 노인들의 인지 기능을 향상시킨다. 실제로 치매 고위험군 노인들을 대상으로 숲길 걷기 프로그램을 진행한 결과, 단기 기억력과 주의 집중력이 이전보다 유의미하게 상승했다는 보고가 잇따르고 있다.

* **폐 질환 및 호흡기 건강:** 숲은 거대한 산소 발생기이자 공기 청정기이다. 만성폐쇄성폐질환(COPD) 환자들이 산림치유를 병행했을 때 폐활량이 개선되고 호흡 곤란 증상이 완화되는 사례가 많다. 숲의 음이온이 자정 작용을 통해 혈액을 맑게 하고 세포 재생을 돕기 때문이다.

결론적으로 산림치유는 현대인에게 지속 가능한 삶을 위한 자연의

처방이다.

산림치유는 단순한 휴양을 넘어선 과학적이고 실천적인 보건 서비스다. 숲의 경관, 소리, 향기, 기후는 상호작용하며 우리 몸의 항상성을 유지하고 무너진 면역 체계를 재건한다. 약물 치료가 증상을 억제하는 데 초점을 맞춘다면, 산림치유는 인간 본연의 회복력을 끌어올리는 근원적인 접근이다.

바쁜 일상 속에서 시간을 내어 숲을 찾는 것은 결코 사치가 아니다. 그것은 스트레스로 인해 방전된 몸과 마음을 재충전하고, 다시 세상으로 나아갈 에너지를 얻는 필수적인 투자다. 숲은 언제나 그 자리에서 우리를 기다리고 있다. 우리가 할 일은 그저 숲으로 들어가 깊게 숨을 들이마시고, 자연이 건네는 무언의 위로에 귀를 기울이는 것뿐이다. 숲이라는 거대한 병원은 누구에게나 열려 있으며, 그 진료비는 오직 당신의 시간과 관심이다.

산림치유 이론

사람들은 종종 숲에 다녀온 뒤 이렇게 말한다.

"딱히 한 건 없는데, 이상하게 좀 나아진 느낌이에요."

이 말 속에 산림치유의 본질이 들어 있다. 숲은 무엇을 '하게' 하기보다. 무언가를 '내려놓게' 하는 공간이다. 그렇다면 질문은 자연스럽게 이어진다. 왜 숲은 우리를 그렇게 만드는가. 이 단순한 질문에 답하기 위해 학자들은 각자의 언어로 숲을 설명해 왔다. 그 설명들은 서로 다른 방향에서 출발하지만, 결국 같은 장소-사람과 자연이 만나는 지점-로 모인다.

생리인류학적 이론 : 숲에서의 진화

인간의 신체기관이 진화의 과정을 통하여 숲이라는 환경에 맞도록

만들어졌다는 생리인류학적 관점으로 인간에게 숲이 쾌적한 이유를 설명하는 이론이다.

사토우 교수는 진화의 관점에서 "인류의 시작을 500만년 전이라고 하면 500만년 전에 탄생한 인류는 숲 속에서 많은 시간을 보내면서 진화를 거듭해 몸의 기관들이 숲의 환경에 적합하도록 변화하였다."라고 설명한다.

인간은 오랜 시간을 자연속에서 진화해 왔으나 불과 약 200년 전부터 도시생활을 통하여 점점 자연과 격리된 생활을 시작했다. 200년이라는 시간은 생물학적으로 유전자가 적응하기에는 부족하기에 숲이라는 환경에 적합한 기관을 가지고 스트레스가 가득한 도시생활을 하고 있다는 것이다.

이러한 이유로 인간은 숲속에 들어가면 마치 오랜 여행을 마치고 집으로 돌아온 것처럼 편안함을 느낀다는 이론이다.

주의회복이론 : 생각이 쉴 수 있는 풍경

하루 종일 우리는 집중하며 산다. 일에 집중하고, 휴대폰 화면에 집중하고, 관계에 집중한다. 이 집중은 모두 '의도적 주의'다. 문제는 이 주의가 쉽게 지친다는 데 있다. 머리가 무거워지고, 사소한 일에도 신경이 곤두선다.

카프란 부부의 주의회복이론은 바로 이 지점에서 숲의 역할을 설명한다. 숲에는 의도적으로 애쓰지 않아도 시선과 마음이 머무는 대상들로 가득하다. 나뭇잎이 흔들리는 모습, 구름 사이로 들어오는 빛, 발밑에서 나는 낙엽 소리 같은 것들이다. 이들은 강요하지 않고, 조용히 관심을 끈다.

이 상태를 카프란은 '부드러운 매혹'이라고 불렀다. 부드러운 매혹이란, 집중을 요구하지 않으면서도 마음을 붙잡아 주는 힘이다. 그래서 숲에서는 생각이 흘러가도 괜찮고, 멍하니 서 있어도 불안하지 않다. 주의회복이론에서 산림치유는 무언가를 배우는 시간이 아니라, 지친 인지가 스스로 회복되는 시간이다.

숲은 소모된 주의력을 회복시켜 줄 수 있는 회복환경을 제공한다. 이러한 이유로 인간은 숲에 가면 도시환경과 다르게 외부의 자극이 적어서 많은 주의력을 필요로 하지 않는 쾌적함을 느끼게 되는 것이다.

진화심리이론 : 몸이 먼저 안다

울리치는 질문을 조금 다르게 던진다. 숲을 보면 마음이 편안해지는 이유를 굳이 생각으로 설명할 필요가 있을까? 어쩌면 몸이 이미 알고 있는 것은 아닐까?

진화심리이론에 따르면, 인간은 생존에 유리했던 환경에 긍정적인

감정을 느끼도록 진화해 왔다. 물이 있고, 식생이 있으며, 지나치게 위협적이지 않은 자연 환경은 생존 확률을 높였다. 그래서 그런 환경을 마주했을 때 우리는 의식적으로 판단하기 전에 자동적인 안정 반응을 보인다.

울리치는 특히 스트레스 회복에 주목했다. 병실 창밖으로 나무가 보이는 환자가 그렇지 않은 환자보다 회복이 빠르다는 연구는 유명하다. 이는 숲이 '기분을 좋게' 해서가 아니라, 신경계 수준에서 긴장을 낮추기 때문이다.

이 이론에서 산림치유는 생각의 문제가 아니다. 설명을 이해하지 않아도, 숲에 들어서면 몸이 먼저 반응한다. 어깨가 내려가고, 숨이 길어지고, 심장이 느려진다. 진화심리이론은 숲을 본능이 기억하는 안전한 장소로 본다.

바이오필리아 : 생명을 향한 그리움

에드워드 윌슨의 바이오필리아 이론은 다소 시적인 질문에서 출발한다. 왜 사람은 생명 있는 것에 끌리는가? 왜 우리는 나무를 바라보고, 꽃을 키우고, 물가에 머물고 싶어 하는가?

윌슨은 이것이 취향이나 문화의 문제가 아니라, 인간에게 내재된 성향이라고 보았다. 인간은 수백만 년 동안 다른 생명체와 관계를 맺으며 살아왔고, 그 과정에서 생명에 대한 애착이 본능으로 자리 잡았다는 것이다.

인간은 누구나 숲과 자연을 사랑하고, 의존하고 그렇게 살아야 되는 것 이것은 바이오(Bio) - '생명', 필리아(Philia) - '사랑한다'는 의미이다.

인간에게 숲과 자연에 의존하고 사랑하는 유전 인자가 있기 때문에 숲과 자연은 인간 생존에 필수적이라는 이론이다.

숲은 바이오필리아가 가장 강하게 충족되는 공간이다. 숲에서는 모든 것이 살아 움직인다. 나무는 자라고, 곤충은 오가며, 계절은 눈에 보이게 변한다. 그 속에 있으면 사람은 자신이 고립된 존재가 아니라, 더 큰 생명의 흐름 안에 있다는 감각을 되찾는다.

바이오필리아 관점에서 산림치유는 치유라기보다 재연결이다. 끊어졌던 생명과의 관계를 다시 잇는 일이다.

전망도피이론 : 보고 싶고, 숨고 싶은 마음

전망도피이론은 인간의 공간 선호를 아주 현실적으로 설명한다. 우리

는 한편으로는 멀리 보고 싶어 하고, 다른 한편으로는 숨고 싶어 한다.

숲에서 사람들이 좋아하는 장소를 떠올려 보자. 시야가 트인 숲길, 앞은 열려 있지만 등 뒤에는 나무가 받쳐주는 벤치. 이런 공간은 이상하리만큼 오래 머물고 싶어진다.

알페톤은 이를 생존 전략의 흔적으로 보았다. 위험을 미리 감지할 수 있는 전망과, 위협으로부터 몸을 보호할 수 있는 도피 공간이 함께 있을 때 인간은 가장 안정감을 느낀다.

산림치유에서 이 이론은 중요한 시사점을 준다. 숲은 무조건 울창할수록 좋은 것이 아니다. 열림과 감싸임의 균형이 사람의 마음을 놓이게 한다.

사바나 이론 : 마음속 원형 풍경

사바나 이론은 인류가 오랫동안 아프리카 사바나 지역에서 채집과

수렵활동을 하면서 진화해 왔다는 고생물학자와 인류학자의 공통된 주장에서 출발한다.

사바나의 자연환경은 야생초지, 열대우림, 생존에 필요한 먹이, 포식자로 부터 몸을 피할 수 있는 은닉처 등 인간이 생존하기 위한 필수적인 요소들을 모두 갖추어 초기 인류에게 최적의 환경이었다는 것이다.

사바나 이론은 한 발 더 나아가 인간이 선호하는 경관의 '원형'을 이야기한다. 키 큰 나무가 듬성듬성 서 있고, 풀밭이 펼쳐지며, 물이 가까이 있는 풍경. 사람들에게 이런 장면은 낯설지 않게 아름답다.

오리언스는 이것이 인류가 오랜 시간 살아온 환경의 기억이라고 보았다. 사바나는 위험을 감지하기 쉽고, 자원을 얻기 좋은 공간이었다. 그래서 그 구조가 심미적 선호로 남았다는 것이다.

산림치유 공간에서 너무 빽빽한 숲보다, 햇빛이 스며들고 하늘이 보이는 숲이 편안하게 느껴지는 이유도 여기에 있다. 사바나 이론은 숲의 형태와 구조 자체가 치유 요소임을 말해 준다.

산림자극 이론 : 숲은 몸에 작용한다

마지막으로 산림자극 이론은 숲을 감성이나 상징이 아닌, 환경 자극의 집합으로 본다. 숲의 온도, 습도, 소리, 빛, 공기 중의 피톤치드는 모두 인체에 직접 작용한다.

숲에 들어가면 혈압이 낮아지고, 스트레스 호르몬이 줄어들며, 면역

기능이 활성화되는 현상은 여러 연구에서 관찰된다. 이는 숲이 마음에 좋기 때문에 생긴 부수 효과가 아니라, 숲이라는 환경이 신체 조절 시스템을 자극한 결과다.

숲이 우리에게 주는 자극은 도시가 우리에게 주는 자극과 근본적으로 다르다.

이 관점에서 산림치유는 자연 요법에 가깝다. 약을 먹지 않아도, 설명을 듣지 않아도, 숲에 머무는 것 자체가 하나의 처방이 된다.

숲은 하나의 답이 아니라, 여러 층의 이야기다

이상의 이론들은 숲을 서로 다른 언어로 설명한다. 인지의 언어, 진화의 언어, 본능의 언어, 공간의 언어, 경관의 언어, 신체의 언어. 하지만 이 언어들은 결국 같은 장면을 가리킨다.

숲길을 천천히 걷는 한 사람. 숨이 깊어지고, 생각이 느려지고, 몸이 제자리를 찾는 순간.

산림치유는 특별한 기술이 아니라, 사람이 본래의 리듬으로 돌아가는 과정이다. 그리고 숲은 그 과정을 가장 말 없이, 그러나 가장 확실하게 도와주는 공간이다.

산림치유 자원

산림치유는 노력의 결과라기보다 반응에 가깝다. 숲이 가진 다양한 자원이 먼저 작용하고, 우리 몸과 마음은 그에 조용히 응답한다. 눈과 귀, 코와 피부가 먼저 열리고, 그 다음으로 호흡과 심박, 감정과 생각이 천천히 변해간다. 산림치유는 숲과 인체가 서로 주고받는 대화에 가깝다.

산림치유란 단순히 숲을 걷는 행위를 넘어, 숲이 가진 무궁무진한 자원들이 우리의 오감과 세포 하나하나를 어루만지는 섬세한 과정이다. 숲이 차려놓은 이 풍성하고도 거대한 치유의 자원들을 음미해 보자.

오감자원

숲은 거대한 미술관이자 공연장이며, 동시에 세상에서 가장 안락한 휴식처다. 우리 몸의 감각기관은 숲에 들어서는 순간 본능적으로 깨어나 자연의 에너지를 받아들인다. 일상에서 무뎌졌던 감각들이 숲이라는 공간 안에서 다시금 예민하게 살아나는 과정 자체가 치유의 시작이다.

숲에 들어서면 가장 먼저 활성화되는 것은 시각자원이다. 초록색이 주는 안정감은 단순한 기분 문제가 아니다. 숲의 색과 형태를 바라보는 동안 뇌의 긴장과 각성을 담당하는 영역은 활동을 낮추고, 휴식과 회복에 관여하는 영역이 활성화된다. 그래서 숲을 걷다 보면 이마의 주름이 펴지고, 눈의 피로가 줄어든다. 실제로 숲을 바라보고 난 뒤 '눈이 시원하다'거나 '머리가 맑아졌다'고 말하는 것은 몸이 이미 반응하고 있다는 신호다.

숲의 지배적인 색채인 녹색은 단순히 아름다운 것에 그치지 않는다. 녹색은 눈의 망막에 가해지는 부담이 가장 적은 색으로 심리적으로 가장 깊은 안정감을 주는 색이다. 나뭇잎 사이로 부서지는 햇살, 이른바 '코모레비(나뭇잎 사이로 비치는 햇빛)'와 층층이 쌓인 초록의 계조는 뇌의 알파파를 활성화해 평온함을 유도한다. 특히 나뭇가지의 뻗어 나감이나 잎사귀의 맥, 눈 결정 등에서 발견되는 '프랙탈 구조'는 규칙적이면서도 자유로운 기하학적 형상을 띠는데, 우리 뇌는 이 구조를 바라보는 것만으로도 복잡한 생각을 정리하고 인지적 피로를 해소한다. 사계절에 따라 변하는 단풍의 붉은빛이나 겨울 숲의 은밀한 회색빛 역시 우리 정서에 다양한 자극을 주며 활력을 불어넣는다.

미국의 학자 울리히는 자연경관이 수술환자의 회복과정에 미치는 영향을 조사하였는데, 창밖으로 자연경관이 보이는 병실에 있는 환자들이 도시풍경이 내려다보이는 병실의 환자들에 비해 회복기간이 짧다는 사실을 밝혔다. 그리고 자연경관이 보이는 환자집단은 수술 후 통증 관리를 위해 사용한 진통제의 양도 적었다는 사실을 검증하면서 자연경관을 그냥 보는 것만으로도 신체적, 정신적 고통을 완화할 수 있다는 사실을 발견하였다.

산림의 경관은 스트레스 해소에 도움을 주며, 심신을 안정한 상태로 회복시키는 역할을 한다는 사실도 증명되었다.

우리의 눈은 초록색을 볼 때 피로를 가장 적게 느낀다고 한다. 교실의 칠판이나 탁구대, 당구대의 바닥을 초록색으로 만드는 것도 눈의 피로를 최대한 줄이기 위한 것이다.

우리의 시야에 들어오는 초록색의 비율을 나타내는 녹시율이 높을수록 스트레스의 회복력이 좋다는 것은 검증된 연구결과이다. 숲을 보는 것만으로도 스트레스 등 부정적 반응이 빠르게 회복되는 이유다.

후각자원은 더욱 직접적으로 인체에 작용한다. 숲에서 나는 향, 특히 피톤치드가 섞인 공기를 들이마시면 코의 후각 신경을 통해 뇌의 변연계가 자극된다. 이 영역은 감정과 자율신경계를 조절하는 곳이다. 그 결과 교감신경의 과도한 긴장은 완화되고, 부교감신경이 활성화되어 심박수와 혈압이 서서히 낮아진다. 그래서 숲에서는 숨이 깊어지고, 가슴이 편안해진다. 의식적으로 '쉬어야지'라고 생각하지 않아도 몸이 먼저

휴식 상태로 들어간다. 숲이 건네는 가장 즉각적인 위로다.

흙이 머금은 습한 기운과 야생화의 은은한 향기, 그리고 숲 전체를 감싸는 나무들의 체취, 그 자체로 천연 아로마테라피다. 비 온 뒤 숲에서 느껴지는 진한 흙 내음은 '게오스민'이라는 물질 덕분인데, 이는 인간에게 태고의 안정감을 선사한다. 이러한 향기 입자들은 인위적인 향수로는 결코 흉내 낼 수 없다. 숲의 향기는 지친 정신을 맑게 깨우는 천연 향료다.

청각자원 역시 인체 반응과 깊이 연결된다. 청각의 반응속도는 0.1초로 인체 중 가장 먼저 반응하는 감각기관이다.

청각은 듣는 기능 외에도 아주 정교하고 중요한 역할을 수행하는데, 소리가 어디에서 왔는지, 얼마나 떨어진 곳에서 왔는지도 판단하고 그 소리들을 분석하여 구별하는 역할도 한다. 이러한 기능 때문에 사람들은 청각을 통해 즐거움과 감흥, 그리고 만족감을 느낀다.

그러나 현대인은 각종 소음에 노출되어 스트레스뿐만 아니라 예민한 청각 기능이 저하되고 있다. 숲에서는 자연스럽게 외부의 소음이 차단되어 심신이 안정화된다. 숲이 전해주는 일정하지 않은 자연의 소리는 뇌를 경계 상태로 몰아가지 않는다. 바람 소리와 새소리를 듣는 동안 뇌파는 각성 상태에서 이완 상태로 이동하고, 생각의 속도는 자연스럽게 느려진다. 숲에서 '생각이 줄어든다'거나 '잡념이 사라진다'고 느끼는 이유는, 뇌가 자연의 소리를 위협으로 인식하지 않기 때문이다.

청각자원은 숲이 들려주는 가장 고귀한 음악이다. 도심의 자동차 경적이나 기계음과는 차원이 다르다. 바람이 댓잎을 스치는 소리, 이름 모를 산새들의 지저귐, 바위 사이를 거칠게 혹은 부드럽게 흐르는 계곡물 소리는 인위적인 리듬이 없는 자연의 '백색소음(White Noise)'이다. 이 소리들은 일상의 소음으로 날카로워진 신경을 부드럽게 이완시킨다. 특히 물소리와 새소리는 인간의 뇌파를 명상 상태와 유사하게 만들어 준다. 가만히 눈을 감고 숲의 소리에 귀를 기울이다 보면, 어느새 마음속 깊은 곳에 쌓였던 불안감과 잡념이 맑은 계곡물에 씻겨 내려가는 해방감을 맛보게 된다.

촉각은 피부에 접촉하여 느껴지는 감각으로 압각, 통각, 온도감각 등을 말하는데, 다른 감각에 의해 이미 먼저 수집된 정보 뒤에 늦게 반응하는 특성상 숲에서 촉각자원을 오롯이 느끼기 위해서는 눈을 감는 등 다른 감각 기능을 차단하는 게 좋다.

촉각자원은 우리를 대지와 직접 연결하여 몸의 존재감을 회복시킨다. 흙길을 밟고, 나무를 만지는 동안 피부와 발바닥의 감각 수용체가 활성화된다. 수많은 신경을 자극해 혈액순환을 돕고 몸의 긴장을 풀어준다. 이끼의 부드러움이나 나무껍질의 거친 질감을 손끝으로 느껴보는 것은 단절되었던 자연과의 유대감을 회복하는 소중한 경험이 될 것이다.

실제로 숲에서 맨발 걷기나 나무 만지기 활동 후 참가자들은 "몸이 여기 있다는 느낌이 든다."고 표현한다. 이는 몸과 마음이 분리된 상태에서 다시 하나로 연결되고 있다는 신호다.

숲속에서 느끼는 촉감 활동은 아이들의 오감 발달의 가장 좋은 활동이다.

미각은 주로 혀에 있는 맛봉오리(taste bud)가 침에 녹은 화학 물질에 반응하여 일어난다. 단맛, 짠맛, 신맛, 쓴맛의 네 가지 기본 미각이 있다.

숲의 미각자원 또한 인체 반응과 무관하지 않다. 자연의 담백한 맛을 천천히 음미하는 행위는 저작과 소화를 담당하는 부교감신경을 자극한다. 급하게 먹던 습관이 느려지고, 식사 자체가 안정의 경험이 된다. 숲에서의 '맛'은 몸의 속도를 낮추는 장치다.

숲이 내어주는 맑은 샘물 한 모금, 제철에 난 산나물이나 향긋한 꽃차 한 잔은 몸 안의 독소를 씻어내고 자연의 생명력을 전해주는 치유로 완성된다.

환경자원

산림치유의 핵심은 눈에 보이지 않는 숲의 환경자원을 통해 더욱 분명해진다. 숲의 공기에는 피톤치드와 음이온, 풍부한 산소가 포함되어 있다. 이러한 환경 속에 일정 시간 머무르면 스트레스 호르몬 분비는 줄어들고, 면역 기능과 관련된 세포 활성은 높아진다. 하지만 이 변화는 숫자로 느껴지기보다 몸의 감각으로 먼저 드러난다. "몸이 가볍다.", "숨 쉬기가 편하다.", "괜히 기분이 안정된다."는 말이 그것이다.

숲에는 눈에 보이지 않지만 과학적으로 증명된 강력한 치유 인자들

이 가득하다. 이것들은 우리 몸의 면역 체계를 강화하고 무너진 생체 리듬을 정상화하는 데 결정적인 역할을 하는 '보이지 않는 의사'들이다.

그 중심에는 역시 피톤치드(Phytoncide)가 있다. 나무가 자신을 공격하는 해충이나 곰팡이, 박테리아로부터 스스로를 지키기 위해 내뿜는 이 휘발성 물질은 인간에게는 더할 나위 없는 보약이다. 우리가 숲에서 깊은 호흡을 할 때 체내로 들어온 피톤치드는 암세포를 직접 공격, 살해하는 NK세포(자연살해세포)의 숫자를 늘리고 활성도를 높인다. 또한 스트레스 호르몬인 코르티솔의 농도를 현격히 낮추어 심리적 해방감을 준다. 피톤치드는 침엽수림에서 특히 많이 발생하며, 기온이 올라가는 정오 무렵 그 농도가 짙어지는데 이때의 산책은 그 자체로 거대한 약사발을

들이켜는 것과 같다.

햇빛 역시 숲이 주는 소중한 환경 자원이다. 숲의 가지와 나뭇잎들이 빽빽한 필터가 되어 걸러낸 부드러운 햇살은 도심의 따가운 직사광선과는 결이 다르다. 이 적절한 빛은 우리 뇌에서 행복 호르몬인 '세로토닌'의 분비를 돕는다.

세로토닌은 낮 동안 기분을 밝게 유지해 줄 뿐만 아니라, 밤이 되면 수면 호르몬인 '멜라토닌'으로 전환되어 깊은 숙면을 유도한다. 즉, 낮에 숲을 걷는 것만으로도 불면증을 치료하는 자연적인 처방을 받는 셈이다.

그래서 숲에 다녀온 날 밤에는 잠이 깊어졌다고 말하는 사람들이 많다. 이는 숲이 단순한 휴식 공간이 아니라, 몸의 시간표를 다시 맞춰주는 공간임을 보여준다. 숲의 햇빛이 인체의 생체리듬을 회복시키는 것이다.

또한 햇빛은 뼈 건강과 면역력에 필수적인 비타민 D를 합성하는 유일한 통로이기도 하다.

음이온과 공기질은 숲의 청정함을 대변한다. 계곡이나 폭포 주변, 혹은 비가 내린 직후의 숲에는 '공기 속의 비타민'이라 불리는 음이온이 풍부하다. 물분자가 바위에 부딪혀 깨지면서 발생하는 레나드 효과 덕분인데, 이 음이온들은 혈액을 알칼리성으로 정화하고 자율신경을 조절하며 세포의 부활을 돕는다.

여기에 나무들이 뿜어내는 신선한 산소와 미세먼지가 걸러진 깨끗한 공기질은 도심에서 탁해진 우리의 폐와 혈관을 맑게 청소해 준다. 숲속의 산소 농도는 도심보다 약 1~2% 정도 높은데, 이 작은 차이가 뇌 기능을 활발하게 하고 피로 회복 속도를 놀랍도록 빠르게 만든다.

지형자원

숲의 물리적인 환경 자체가 치유의 도구다. 평탄한 오솔길부터 거친 바윗길, 완만한 경사지와 가파른 능선까지, 숲의 지형은 우리에게 적절한 물리적 자극을 준다. 그 자체로 훌륭한 자연 운동 시설로 인체 반응을 더욱 입체적으로 만든다.

완만한 오르막을 오를 때 심박수는 서서히 올라가고, 내리막에서는 자연스럽게 떨어진다. 이 과정은 심폐 기능을 무리 없이 자극하면서도 긴장을 남기지 않는다. 평평하지 않은 숲길은 몸의 작은 근육과 균형 감각을 깨워 전신을 고르게 사용하게 한다. 평지를 걷는 것보다 훨씬 많은 근육을 사용하게 하여 심폐 기능을 강화하고 하체 근력을 키워준다.

흥미로운 점은 숲에서는 이러한 신체 활동이 '운동 스트레스'로 인식되지 않는다는 것이다. 숲의 지형은 경쟁이나 목표를 요구하지 않기 때문에, 몸은 움직이면서도 긴장하지 않는다. 그 결과 근육은 활성화되지만 마음은 오히려 더 안정된다. 이는 산림치유가 단순한 운동과 다른 점이다.

또한 숲은 고정된 풍경이 아니라 땅의 모양과 하늘의 기운이 끊임없이 상호작용하는 역동적인 공간이다. 고도가 높아짐에 따라 변화하는 기압과 공기 밀도는 신체가 외부 환경에 적응하도록 자극하여 항상성을 유지하는 능력을 키워준다.

산등성이에 올라 확 트인 경관을 바라볼 때 느끼는 심리적 카타르시스는 지형 자원이 주는 또 다른 형태의 정신적 치유다.

기후자원

숲의 기후자원은 우리 몸이 가장 쾌적함을 느끼는 최적의 상태를 설계한다. 나무들이 만들어내는 거대한 천연 차양막과 잎사귀의 증산 작용은 여름철 도심보다 기온을 훨씬 낮게 유지하며, 겨울에는 바람을 막아 아늑한 기온을 유지한다. 이런 쾌적한 미세기후(Micro-climate)는 우리 몸의 열 조절 부담을 줄여준다. 또한 숲의 적절한 습도는 호흡기 점막을 촉촉하게 유지해 면역력을 높이고 피부 건강을 돕는다. 숲 사이를 통과하며 순화된 부드러운 바람이 피부에 닿을 때, 우리 몸의 촉각 수용체는 기분 좋은 자극을 받아 자율신경계를 안정시킨다.

노벨문학상의 작가 토마스 만의 소설 '마의 산'은 1920년대 스위스 다보스 지역의 결핵요양원을 배경으로 한 소설인데, 당시에도 기후 자원을 이용한 치료를 시도하고 있었다는 점이 흥미롭다.

숲, 영원한 생명의 안식처

결국 숲은 단순히 나무가 많이 모여 있는 공간이 아니다. 오감으로 느껴지는 다정함과 과학적인 환경 인자, 그리고 땅과 하늘이 만들어낸 기후가 어우러진 거대한 '종합 치유 센터'다. 우리가 지치고 힘들 때 본능적으로 숲을 찾는 이유는 우리 몸속에 흐르는 생명의 유전자가 자연의 품을 기억하고 있기 때문이다.

숲속의 길을 걷는다는 것은 단순히 거리를 이동하는 것이 아니라, 일상의 묵은 때를 벗겨내고 본연의 나를 만나는 과정이다. 피톤치드에 몸을 적시고, 새소리에 마음을 씻으며, 부드러운 흙을 밟는 그 모든 순간이 우리를 다시 살게 한다. 숲은 언제나 그 자리에서, 아무런 대가 없이 우리를 품어줄 준비가 되어 있다. 그저 가벼운 마음으로 그 품에 안기기만 하면 된다. 자연이 주는 이 경이로운 선물들을 하나하나 온전히 누릴 때, 우리의 몸과 마음은 비로소 진정한 쉼과 재생의 기회를 얻게 될 것이다.

산림치유의 진짜 효과는 숲을 떠난 뒤 일상에서 드러난다. 바쁜 하루 속에서 문득 숲의 향과 빛이 떠오르고, 그 기억이 호흡을 한 박자 늦춘다. 숲에서의 경험은 단발적인 체험으로 끝나지 않는다. 필요할 때마다 꺼내어 마음을 조율할 수 있는 감각으로 남는다. 그렇게 산림치유는 특별한 날의 이벤트가 아니라, 삶의 리듬을 다시 맞추는 조용한 기준점이 된다.

산림치유의 프로그램

숲에 들어서는 순간 공기의 밀도와 온도가 달라진다. 도시에서 늘 곁에 두고 살던 소음과 긴장은 서서히 뒤로 밀려나고, 서늘하면서도 촉촉한 기운이 몸을 감싼다. 이 변화는 아주 미세하지만 분명하다. 산림치유 프로그램은 이 작은 차이를 알아차리는 데서 출발한다. 무엇을 해야 한다는 지침보다 이미 느끼고 있는 것을 가만히 따라가 보자는 제안에 가깝다. 그래서 산림치유는 치료나 교육보다는 경험에 더 가까운 이름을 가진다.

가장 기본적인 프로그램은 숲길 느림 걷기다. 처음 숲길에 들어선 사람들의 걸음은 대부분 빠르다. 목적지 없이 걷고 있음에도, 몸은 늘 그래 왔다는 듯 속도를 유지한다. 하지만 안내에 따라 보폭을 줄이고, 한 걸음에 한 번씩 숨을 쉬다 보면 변화가 일어난다. 발바닥에 전해지는 흙

의 감촉이 또렷해지고, 낙엽을 밟는 소리가 귀에 남는다. 시선은 자연스럽게 멀리서 가까이로 이동하고, 나무의 줄기와 잎의 결이 하나하나 눈에 들어온다. 이때 마음은 비워지기보다는 차분히 정돈된다. 생각이 사라지는 것이 아니라, 불필요한 것부터 제자리를 찾아 물러난다.

느림 걷기 중에는 자주 멈추는 시간이 포함된다. 숲속 한 지점에 서서 나무 한 그루를 오래 바라본다. 키와 모양, 가지의 방향, 잎의 색을 천천히 살핀다. 손을 뻗어 나무껍질을 만져 보면, 거칠거나 매끈한 질감이 손끝에 남는다. 이 단순한 행동은 생각보다 강력하다. 늘 판단하고 분석하던 시선이 잠시 쉬고, 존재 자체를 받아들이는 감각이 살아난다. 아무것도 하지 않고 서 있는 시간이 이렇게 편안할 수 있다는 사실을 새롭게 알게 된다.

숲 명상과 호흡 프로그램은 몸의 긴장을 더 깊이 풀어 준다. 넓은 잎을 가진 나무 아래나 완만한 숲속 공터에 앉아 눈을 감는다. 특별한 명상 기법을 배우지 않아도 된다. 그저 호흡이 드나드는 감각을 느끼고, 숲의 소리에 귀를 기울인다. 바람이 잎을 스치는 소리, 멀리서 들려오는 새소리, 간혹 들리는 자신의 숨소리가 겹쳐진다. 이 소리들은 마음을 붙잡지 않는다. 대신 마음이 자연스럽게 흘러가도록 둔다. 일정 시간이 지나면 어깨와 턱의 힘이 풀리고, 호흡은 길고 느려진다. 숲이 만들어 주는 안정감은 몸을 스스로 회복의 상태로 이끈다.

오감을 깨우는 프로그램은 산림치유의 핵심적인 사례 중 하나다. 눈을 가리고 숲길을 천천히 걸어 보거나, 다양한 잎과 열매, 흙의 냄새를 맡아 본다. 손으로 만져 본 나무의 결은 저마다 다르고, 같은 숲이라도 장소에 따라 냄새는 미묘하게 달라진다. 감각에 집중하다 보면 머릿속 생각은 자연스럽게 줄어들고, 몸의 반응이 앞서기 시작한다. 어떤 이는 어린 시절의 기억이 떠오르고, 어떤 이는 이유 없이 마음이 뭉클해진다. 숲은 감정을 자극하지 않으면서도, 감정이 스스로 올라올 수 있는 여지를 만든다.

숲 대화 프로그램은 사람 사이의 회복을 보여 주는 사례다. 숲속에서 둥글게 앉아 각자가 느낀 점이나 삶의 이야기를 나눈다. 이 시간에는 조언이나 평가가 중심이 되지 않는다. 말하는 사람은 자신의 이야기를 숲

에 맡기듯 풀어놓고, 듣는 사람은 그 말을 고요히 받아들인다. 숲이라는 공간은 말의 무게를 덜어 주고, 침묵마저 어색하지 않게 만든다. 서로의 이야기를 통해 자신의 감정을 다시 바라보게 되고, 혼자가 아니라는 감각이 자연스럽게 자리 잡는다.

신체 활동을 포함한 프로그램으로는 맨발 걷기와 숲 스트레칭이 있다. 흙길이나 잔디 위를 맨발로 걸으며 발바닥의 감각을 느낀다. 차갑거나 따뜻한 흙의 온도, 작은 돌과 뿌리의 자극이 몸을 깨운다. 이후 나무를 기둥 삼아 몸을 늘리고, 천천히 관절을 풀어 준다. 격렬하지 않은 이 움직임은 혈액순환을 돕고, 오랫동안 굳어 있던 근육을 부드럽게 풀어 준다. 몸이 풀리면 마음도 함께 느슨해진다.

가족 산림치유 프로그램에서는 관계의 변화가 특히 또렷하게 드러난다. 부모와 아이가 함께 숲에서 보물을 찾고, 자연물을 이용해 작은 작품을 만든다. 이 시간 동안 부모는 지시하거나 가르치기보다, 아이와 함께 머문다. 아이는 평가받지 않는 환경에서 자유롭게 움직이고 표현한다. 숲은 가족 사이에 쌓여 있던 긴장을 낮추고, 서로를 새롭게 바라볼 수 있는 여유를 만든다. 짧은 시간이지만, 관계의 방향을 바꾸는 계기가 되기도 한다.

중·장년층을 위한 산림치유 프로그램에서는 몸과 마음의 회복이 함께 나타난다. 숲길을 걷고, 의자나 나무를 활용해 가벼운 체조를 한다. 이어서 숲의 풍경을 바라보며 조용히 차를 마시거나 휴식을 취한다. 이 과정에서 참여자들은 자신의 몸 상태를 차분히 느끼게 된다. 통증이나 불편함을 억누르기보다, 있는 그대로 인식하게 되면서 마음의 긴장도 함께 풀린다.

이처럼 다양한 산림치유 프로그램 사례들은 공통된 흐름을 보여 준다. 숲에 머무는 동안 사람의 몸은 경계 상태를 내려놓고, 마음은 방어를 멈춘다. 스트레스는 급격히 사라지기보다 서서히 낮아지고, 감정은 날카로움 대신 부드러움을 되찾는다. 산림치유는 즉각적인 변화보다, 지속 가능한 회복을 지향한다.

주요 산림치유 프로그램과 그 현장 이야기

1. 숲길 걷기 프로그램

산림치유의 가장 기본이 되는 프로그램은 숲길 걷기다. 하지만 이 걷기는 목적지를 향해 빠르게 이동하는 등산과는 분명히 다르다. 속도는 느리고, 자주 멈추며, 발걸음보다 호흡이 기준이 된다.

실제 치유의 숲 프로그램에서는 참가자들에게 "앞사람을 따라가지 않아도 된다.", "자신에게 편한 속도로 걸어도 된다."고 안내한다. 어떤 사람은 30분 동안 몇 백 미터밖에 걷지 않는다. 하지만 그 느린 걸음 속에서 어깨가 내려가고, 얼굴 표정은 풀린다.

이 프로그램은 특히 만성 스트레스, 직무 피로, 감정 소진을 겪는 직장인들에게 자주 활용된다. 걷기라는 가장 일상적인 행위가 숲이라는 환경을 만나면, 몸과 마음의 리듬을 다시 맞추는 도구가 된다.

2. 숲 명상 프로그램

숲 명상은 '집중을 잘하는 명상'이 아니다. 오히려 집중하지 않아도 되는 상태를 경험하는 시간에 가깝다. 숲속 평상이나 데크에 앉아 눈을 감고, 숲에서 들려오는 소리를 그대로 받아들인다. 바람 소리, 새소리, 멀리서 나는 사람의 발소리까지도 굳이 구분하지 않는다.

한 치유의 숲에서는 명상 시간에 이런 안내를 한다.

"생각이 떠오르면, 없애려 하지 말고 그냥 두세요."

도시에서는 멍해지는 것이 불안으로 이어지지만, 숲에서는 다르다. 자연의 소리와 움직임이 그 공백을 채워 주기 때문이다. 숲 명상은 불안, 불면, 감정 기복을 겪는 사람들에게 특히 의미 있는 프로그램으로 평가받는다.

3. 오감 자극 프로그램

스마트폰에 익숙해진 사람들은 다른 감각을 많이 사용하지 않는다. 보는 것 외의 감각은 점점 둔해진다. 오감 자극 프로그램은 바로 이 지점에서 출발한다.

나무껍질을 손으로 만져 보고, 눈을 감고 숲의 냄새를 맡으며, 새소리를 하나씩 구분해 듣는다.

어떤 프로그램에서는 숲의 색을 찾아보는 활동을 하기도 한다. 초록이라고만 생각했던 숲이 사실은 수십 가지 색으로 이루어져 있다는 사실을 깨닫게 된다.

이 프로그램은 아동과 청소년의 정서 발달, 디지털에 대한 과의존 완화, 우울감 개선에 자주 활용된다.

감각이 살아나면, 사람은 자연스럽게 현재에 머무르게 된다.

4. 숲 체조와 이완 프로그램

숲에서의 움직임은 크지 않다.

팔을 크게 휘두르거나 땀을 흘리는 운동보다는, 호흡과 연결된 부드러운 동작이 중심이다.

숲의 온도와 바람 속에서 몸을 천천히 늘리고, 균형을 느끼며, 굳어 있던 관절과 근육을 깨운다.

중장년층이나 노년층 대상 프로그램에서는 이 활동이 특히 중요하다. "운동을 해야 한다."는 부담 없이도, 몸이 자연스럽게 풀리기 때문이다.

참가자들은 종종 "몸보다 마음이 먼저 가벼워졌다."고 말한다.

5. 숲 치유 휴식 프로그램

해먹에 누워서 하늘을 바라보는 프로그램과 나무 그늘 아래에서 아무 말 없이 앉아 있는 시간. 이것은 프로그램이라기보다 쉼을 연습하는 시간에 가깝다.

현대인은 쉬면서도 죄책감을 느낀다. 하지만 숲에서는 그 죄책감이 줄어든다. 아무것도 하지 않아도 되는 환경이기 때문이다.

실제로 번아웃을 겪은 참가자들은 이 시간을 가장 인상 깊은 순간으로 꼽는다.

숲은 "괜찮아, 지금은 쉬어도 돼."라고 말해 주는 드문 공간이다.

6. 차 향기 프로그램

숲에서 자란 허브나 식물로 차를 마시고, 향을 맡으며 호흡을 가다듬는 프로그램도 많이 운영된다. 향과 맛은 기억과 감정에 직접 닿는 감각이다.

차 한 잔을 마시는 짧은 시간 동안 참가자들은 자신도 모르게 속도를 늦춘다. 말수가 줄고, 표정이 부드러워진다.

이 프로그램은 정서 안정, 불안 완화, 관계 회복 프로그램과 함께 자주 활용된다.

7. 대화 프로그램 — 말이 천천히 나오는 공간

숲속에서는 말도 달라진다.

회의실에서처럼 빠르고 논리적으로 말하지 않아도 된다. 어떤 치유 프로그램에서는 숲을 걸으며 자신의 현재 상태를 한 단어로 표현하게 하거나, 나무 하나를 고르고 그 이유를 이야기하게 한다.

숲은 사람의 말을 재촉하지 않는다. 그래서 감정도 자연스럽게 정리된다. 이 프로그램은 가족, 부부, 소규모 집단 치유에 특히 효과적이다.

이 모든 숲 치유 프로그램에는 공통된 철학이 있다.

사람을 바꾸려 하지 않는다는 점이다.

숲은 "더 나아져야 한다."고 말하지 않는다. "지금의 상태로도 괜찮다."고 말한다. 그리고 그 메시지가 사람을 가장 깊이 움직인다.

산림치유는 특별한 사람이 받는 특별한 치료가 아니다.

지친 사람, 잠시 멈추고 싶은 사람, 자신에게 돌아가고 싶은 사람이라면 누구에게나 열려 있는 시간이다.

숲에서는 무언가를 잘하지 않아도 된다.

그저 그 자리에 있는 것만으로, 치유는 이미 시작된다.

치유의 숲

산업화, 급격한 지구 환경 변화에 따라 인간의 병도 다양해졌다.

인간의 몸은 자연에 대응하도록 만들어졌고 자연 속에서 살아가도록 최적화되었지만 인간은 현재 스트레스 상태에 놓여 있다.

인간은 숲을 접하면서 긴장상태가 이완되고 인간 본연의 모습으로 돌아가 면역기능이 향상된다. 숲을 통해 사람의 몸을 치유하는 것에 대한 관심이 집중되는 이유다.

'숲치유'는 산림요양, 산림휴양 등과 유사한 용어로 휴식기능과 요양기능을 포함한다. 향기, 경관 등 자연의 다양한 요소를 활용하여 인체의 면역력을 높이고 건강을 증진시키는 활동이 산림치유, 즉 숲치유다. 숲이 지닌 식물, 물, 기후, 지형, 소리, 향기, 경관 등 다양한 환경인자를 활용하여 몸의 건강을 증진시키기 위한 활동이다.

숲치유는 치료나 요법을 의미하나 수술이나 약물치료를 통해 병을 낫게 하는 치료를 의미하기 보다는 숲에서 다양한 활동을 통해 인간 본연의 자연복원력이나 자기회복력에 중점을 두어 저하되었던 면역력을 향상하는 예방의학에 가깝다.

숲치유에 대한 가치가 조명되면서 숲치유의 임상적 효과를 증명하기 위해 산림, 의학, 복지 등 다양한 분야에서 연구가 진행되고 있다. 우리나라는 숲치유 분야를 도입, 적용한 지 오래되지 않았으나 독일 등 숲치유 선행 국가의 모델을 연구 한국에 맞게 적응하기 위한 다양한 시도를 하고 있다.

먼저 숲치유의 효과를 살펴 보자.

숲치유는 크게 신체적 효과와 심리적 효과로 구분해 볼 수 있다.

신체적 효과는 안정효과와 면역개선효과로 구분할 수 있는데, 안정효과는 수축기 확장기 혈압, 맥박, 스트레스 호르몬의 변화에서 볼 수 있다. 그리고 자율신경 중에 교감신경과 부교감신경의 활성 정도에서 볼 수 있다. 면역 개선 효과는 혈액 속에 NK세포의 활성도 및 면역기능을 담당하는 당단백질인 면역 글로불린의 양 등을 지표로 해서 측정한다.

연구 실험 결과 도심지역과 산림지역 중 산림지역 대상자의 스트레스호르몬 농도와 맥박수가 저하되었으며, 수축기 혈압과 확장기 혈압이 모두 저하되었다. 이와 같은 결과는 숲에서의 활동은 우리 몸이 쾌적함을 느끼게 되고 스트레스 상태가 완화된다는 것이다. 숲에서 걷는 활동만으로도 면역세포가 활성화되어 예방의학적 효과도 입증되었다.

숲치유의 심리적 효과를 측정하기 위해서는 주로 주관평가를 하는데 관능검사와 기분상태평가를 주로 실시한다. 기분상태평가는 내적 상태의 변화를 질문지를 통해 평가하는 방법이다. 기분, 스트레스 정도, 이완 정도, 불안 등을 측정한다. 실험 결과 15분 정도 삼림욕을 하였어도 긴장감과 불안감은 모두 저하되고, 활기감은 향상되어 기분 개선 효과가 증명되었다. 일반인을 대상으로 숲 가꾸기, 가지치기, 나무심기, 산책 등 숲에서의 활동 프로그램을 진행한 후 실행 전후를 비교 검사한 결과 실행 후에 불쾌감, 우울감, 피로감, 흥분, 긴장감은 감소하고 상쾌감은 향상되었다.

청소년을 대상으로 한 실험에서는 학교폭력 피해청소년에게 자존감

향상을 목적으로 하는 4박 5일간의 숲치유 프로그램을 진행한 결과, 자아존중감이 증가하고 우울감과 불안감은 감소하였다. 산림치유 프로그램이 학교폭력 피해청소년에게 심리적 안정 측면에서 긍정적인 변화를 가져온 것이다.

숲이 가지고 있는 물리적 환경적 요소인 경관, 소리, 음이온, 온도, 습도, 빛 등은 숲을 찾는 인간의 심신을 건강하게 하는 숲치유의 인자이며 자기성찰, 명상, 대화 등의 기회를 제공하는 등 숲에서 행하는 활동에 의한 심리적, 사회적 요소가 산림치유의 인자가 될 수 있다.

숲에 가면 피톤치드 효과를 느낄 수 있다.

피톤치드는 식물이 자라는 과정에서 상처 부위에 침입하는 각종 박테리아로부터 자신을 보호하기 위해 끊임없이 발산하는 방향물질인 테르펜의 일종이다.

피톤치드는 식물이 분비 또는 발산하여 다른 생물에 영향을 주는 물질의 총칭으로 어느 한 물질을 가리키는 말은 아니다. 피톤치드는 살균작용 외에도 역으로 일부 미생물의 활성을 증진시키기도 한다. 예를 들어 호두나무와 아까시나무의 주변에는 잡초가 거의 돋아나지 않는데 이것은 피톤치드가 다른 식물의 발아나 생장을 억제하는 역할을 하기 때문이다. 그리고 낙엽송이나 편백나무 숲에 묘목을 심으면 생육이 좋지 않거나 과수와 채소가 연작이 되지 않는 것은 피톤치드의 영향이다.

모든 식물은 항균성 물질을 지니고 있으며 어떤 형태로는 피톤치드

를 함유하고 있으나 그 양과 성분은 식물에 따라 다르다. 삼림욕에서 활용하는 피톤치드는 방향성 활성물질로 공기 중에 함유되어 있는 상태로 활용된다.

따라서 공기 중의 살균작용이 있는 방향성 물질은 인간에게 영향을 주기에는 미량이지만 신체와 주변에 존재하는 세균을 죽이거나 활동성을 떨어뜨려 매우 효과적인 산림용 활동물질로 활용할 수 있다. 이러한 물질은 예전부터 자연계에 존재하고 있었기 때문에 비친화적인 독소로 작용할 수 있는 합성물질에 비해 인체에 영향을 미치지 않는 인체 친화적인 물질이라 할 수 있다.

피톤치드의 주요 효과는 쾌적감, 탈취, 항균, 방충이다.

우리는 피톤치드만을 호흡하기 위해 산림욕을 하는 것이 아니라 테르펜에 다양한 약리작용이 있기 때문이다. 테르펜은 인체에 흡수되면 신체를 활성화하고 마음을 안정시키며 살균, 살충작용을 한다. 지금까지 알려진 테르펜은 140여 종이 있는데 이 중 정유, 수지, 마로틴, 스테롤, 라텍스, 고무 등은 우리에게 친숙한 것들이다. 테르펜은 살균, 항균작용 이외에 악취 제거, 스트레스 해소, 긴장 완화, 구충, 이뇨, 거담, 강장, 혈압 강하 등의 약리작용도 한다.

약은 주로 위에서 흡수되어 작용하지만 숲에서의 삼림욕은 숲 내부의 공기를 호흡함으로써 공기 중에 포함된 테르펜을 폐에서 직접 흡수하여 건강을 증진한다. 숲속에서 나무가 발산하는 향기를 마심으로써 심신의 안정, 진정효과를 기대하는 것이다.

삼림욕에 효과가 있는 방향성 물질의 대부분을 차지하는 테르펜계의 피톤치드는 활엽수보다 침엽수에 많이 포함되어 있다.

계절로는 겨울보다는 여름철에 함량이 높은 것으로 알려져 있다. 일사량이 많고 온도와 습도가 높을 때 상대적으로 양이 많다. 그러므로 삼림욕의 최적 시기는 초여름에서 여름이다.

일별 발생조건으로는 오전 6시와 낮 12시 전후에 발산량이 가장 많다.

새벽에 숲속에 들어가면 상쾌한 기분을 더욱 느끼게 되는 것은 새벽 공기에 테르펜 함량이 높기 때문이다.

치유의 숲은 산림치유, 숲치유를 할 수 있도록 조성된 숲을 말한다. 치유의 숲을 조성할 때는 면적기준, 설치 가능한 시설 등에 대한 규정을 따라 조성하는데 요즘은 중앙정부 뿐만 아니라 지방자치단체에서 조성한 곳도 많이 있다.

낙엽이 지기 전에 주변의 숲을 찾아 심신의 안정을 찾는 숲치유에 나서 보자.

〈2023년 10월 월간지 기고〉

숲과 산림치유

전 세계적으로 도시화가 가속화되고 있다. UN 통계에 따르면 2020년 기준으로 56.2%가 도시에 거주하고 있으며, 30년 후에는 66%까지 급증할 것으로 전망된다. 우리나라의 도시화는 91%로 이는 국민 10명 중 9명 이상이 도시에 거주하는 것을 의미한다.

우리나라는 경제개발과 고도성장으로 산업화와 도시화가 급격히 진행되었고, 소득 수준 향상과 더불어 주 5일 근무제 시행으로 개인의 여가시간이 확대되었다. 그러나 급격한 도시화는 현대인의 생활환경의 변화로 환경성 질환 증가, 스트레스 증가 등을 야기했으며 2021년 기준 OECD 자살률 1위, 행복지수 하위권 등 다양한 문제를 야기하였다.

이러한 문제를 해결하기 위해 국내에서도 숲이 신체, 정신건강 향상에 긍정적 영향을 미친다는 연구 결과를 바탕으로 산림 즉 숲을 건강유지와 증진, 그리고 보건, 의학적 치료 차원에서 활용하는 방안이 모색되고 있다. 특히 현대의학의 한계를 극복하기 위해 통합의학적 관점에서 숲을 이용한 '산림치유'에 많은 관심을 기울여 왔다.

오랜 생활습관과 환경으로부터 발생하는 환경성 질환과 질병에 이르지는 않았지만 명확한 원인을 알 수 없는 만성피로 등 건강하지 않은 상태가 지속되고 있다. 이에 현대의학과 더불어 다양한 대체요법이 병행되어야 안전하고 효과적으로 병의 근본원인을 제거할 수 있게 되었다. 예방의학과 대체요법의 일환으로 산림치유가 주목받는 이유다.

산림치유란 향기, 경관 등 자연의 다양한 요소를 활용하여 인체의 면역력을 높이고 건강을 증진시키는 활동으로 정의한다.

우리나라 산림치유의 참고 모델이라고 할 수 있는 일본의 '산림테라피'는 산림욕으로 대표되는 산림레크리에이션을 비롯해 수목이나 임산물을 활용한 작업요법, 숲속을 산책하며 실시하는 카운슬링과 그룹치료, 산림속의 지형이나 공간을 이용한 의료, 재활훈련, 유아보육, 임산물을 이용한 아로마테라피 등 산림환경을 종합적으로 이용하면서 건강을 증진하는 활동이다.

우리나라는 산림의 기능으로 '치유'라는 용어를 덧붙여 '산림치유'로 명칭한다. 자연요법이나 대체요법에서 주로 사용하는 '치유'와 현대의학에서의 '치료'는 차이가 있다. 치유는 병의 근본원인을 제거하여 그 병이 없던 상태로 되돌리는 것을 말하고, 치료는 수술, 약물 투여 등 직접적인 처치를 통해 병을 낫게 하는 것을 의미한다. 치유는 병원에서 하는 처치가 아닌 인간 본연의 자기회복력에 의해 병을 낫게 함을 강조하며 산림환경 요소가 숲을 찾는 이들에게 쾌적감을 주고 이를 통해 인체 면역력을 높인다는 의미이다.

이러한 맥락에서 산림치유란 산림욕보다 더 진보된 개념으로 자연환경 중에서도 산림의 다양한 물리적, 환경적 요소를 이용해 인간의 몸과 마음을 건강하게 만들어준다. 산림을 통해 심신이 쾌적함을 느끼고 스트레스 대처능력을 강화하고 면역력을 높여 궁극적으로 질병 예방과 건강을 증진하는 일련의 과정을 총칭한다.

예방의학적 차원의 산림치유를 밝힌 '진화심리이론'은 산림이 스트레스를 완화시키고 생리적인 안정을 가져온다는 주장으로 Ulrich와 많은 연구자들이 실험을 통해 효과를 증명하였다. 도시환경과 산림에서의 활동을 비교하여 혈압, 맥박, 뇌파, 혈류량, 근육수축, 코티솔 등 생리적 지표의 변화량을 분석한 결과 도시환경에서는 지표의 변화가 없거나 오히려 더 악화되는 반면 산림환경에서는 짧은 시간임에도 불구하고 지표 수치가 정상으로 회복되는 결과를 보였다.

산림치유가 인체 면역에 미치는 영향에 대한 연구도 활발하다. 산림치유인자인 '피톤치드'는 암세포를 표적 살해하는 NK세포 활성도를 향상시키는 것으로 보고되었으며, 회복기 유방암 환자를 대상으로 산림치유 프로그램을 시행한 결과 프로그램 참여 후 NK세포의 수가 세제곱

밀리미터 당 1주차에 363개, 2주차에 445개로 유의하게 증가하였다. 이러한 과학적 실험 근거는 산림치유의 예방의학적 활용 가능성을 증명하는 것이다.

산림치유는 다양한 연령층에 대한 치유 효과를 평가함과 동시에 기존의 비특이적 효과를 넘어 특정 질환이나 증상에 대한 개선효과를 평가하는 연구들로 이동하고 있는데 대표적인 사례가 고혈압 증상자를 대상으로 한 산림치유 효과 평가이다.

고혈압은 생활습관성 질환의 대표적인 증상으로 최근에는 20대에도 증상이 나타나기 시작하여 폭넓은 연령대에서 광범위하게 증상을 보이는 것이 특징이다. 신림치유의 효과 평가에 있어 대표적인 것이 혈압 강하인데 이러한 효과가 가장 두드러지게 나타나는 그룹이 고혈압 증상군이다.

심혈관계 활동은 스트레스와 밀접한 관련이 있다. 스트레스 요인이 발생하였을 경우 교감신경 활동의 항진으로 혈압이 상승하고 맥박수가 증가하며, 반대로 스트레스 요인이 사라지고 편안한 상태에서는 부교감신경 활동이 증가하고 맥박수가 감소하는 경향이 나타난다. 실제로 약물치료 중인 경계성 고혈압 환자에게 자가 혈압 관리 프로그램이 포함된 산림치유 프로그램을 실시한 결과 수축기 혈압이 5.4, 이완기 혈압이 3.3 감소하는 결과를 보였다.

숲이 주는 심리적 편안함과 다양한 치유인자들을 통한 신체기능의 변화는 고혈압 환자에게 긍정적인 효과를 주어 결과적으로 혈압을 안정시켜 증상 개선에 기여한 것이다.

스트레스는 내분비계와 면역계 등 인체의 생리기능에 폭넓은 영향을 미친다. 스트레스 호르몬으로 알려진 '코티솔'은 스트레스 반응에 민감한데 만성스트레스에 노출될 경우 코티솔이 과다하게 분비될 수 있다. 코티솔의 분비와 면역지표는 역의 상관관계인데 장기간 스트레스에 시달리는 현대인들은 떨어진 면역으로 인해 다양한 질환에 노출될 위험이 높다.

일반성인을 대상으로 스트레스 회복 효과를 연구한 결과, 산림치유 프로그램이 심박수와 코티솔 수치를 낮추었다. 이는 스트레스 완화를 비롯해 우울증 질환을 위한 산림치유의 가능성을 시사한다.

환경성 질환은 질병과 원인물질 간에 인과관계 규명이 쉽지 않고 비특이적인 경우가 많기 때문에 통합의학적 접근이 필요하다. 알레르기 질환 유병율과 소아 환경성 질환 환자들의 사회경제적 비용이 증가하면서 국립 산림과학원은 소아 환경성 질환자를 위한 산림치유 프로그램을 개발하고 시행하고 있다. 소아 아토피와 천식 등 소아 환경성 질환자를 대상으로 산림치유 프로그램을 진행한 결과 아토피 중증도 검사(SCORAD)는 5.4점 감소하였고, 폐기능 검사는 4.7% 증가하는 등 산림치유 활동이 소아 아토피와 천식 개선에 기여하였다.

여러 연구의 결과를 종합하면 산림치유는 인체의 면역력을 높이고

심신을 건강하게 만든다. 산림의 주요 치유자원은 식물, 테르펜과 피톤치드, 지형과 기후, 숲길, 경관, 물, 소리, 향기, 빛, 문화자원, 치유 프로그램 등이다. 이러한 치유자원을 바탕으로 현재 전국의 치유의 숲이나 자연휴양림 등에서 식물요법, 물요법, 기후요법, 식이요법, 운동요법, 정신요법 등 다양한 산림치유 프로그램이 개발 운영되고 있다.

새해에는 여러 목표도 많겠지만 숲을 더 가까이 더 자주 찾아 건강한 삶을 유지해 보자.

〈2025년 1월 월간지 기고〉

에필로그

직장에서 퇴임 후 바로 다음날 히말라야로 떠났습니다. 이때가 아니면 갈 수가 없을 것 같아 한 달간 5,416미터 쏘롱라 등 히말라야 산맥이 곳 저 곳을 걸었습니다. 그 뒤 저에게 히말라야는 1년에 한 번은 꼭 가는 곳이 되었습니다.

처음에는 설산 등 때 묻지 않은 자연이 저를 이끌었지만, 그 뒤로는 절대 빈곤 속에서도 서로 도우며 평화롭게 살아가는 히말리안들을 만나러 갑니다.

지구 한 편에서는 남은 음식을 처리하지 못해 골머리이고, 다른 한 편에서는 하루에 감자 한 톨도 먹지 못해 많은 사람들이 죽어갑니다.

노동소득 보다 자본소득 증가 속도가 더 빨라 희망 없는 노동시대가 된 지 오래 되었지만, 그 해결책을 말하는 사람은 적고 모두가 부의 대열에 합류하기만 바쁩니다.

환경문제의 주요 발생 국가는 선진국들인데, 그 피해는 후진국들에게 더 치명적입니다.

숲의 식구들은 서로 존중하고 배려합니다.

숲의 나눔은 비움으로써 다시 채워지는 생명의 역설을 보여줍니다.

숲에서 공존은 특별한 선택이 아니라 생존의 법칙입니다.

이 책이 독자 여러분에게 물질의 갈증을 씻어내고, 함께 살아가는 법을 발견하는 맑은 시냇물이 되기를 바랍니다. 우리 사회가 조금 더 서로를 배려하고 존중하며 협력하는 평화로운 공동체로 나아가는 데 작은 씨앗이 되기를 소망합니다.

숲은 이미 답을 알고 있습니다.

이제, 그 길을 당신과 함께 걷고 싶습니다.

이 책이 나오기까지 많은 분들의 도움이 있었습니다.

대부분의 사진은 제가 촬영한 사진이지만, 부족한 부분들은 일부 도움을 받았습니다. 책의 완성도를 높여주신 디자이너 분들과 인쇄노동자 분들께 감사드립니다.

저의 오랜 벗 중도출판사 신원식 대표와 후배지만 이제는 어려울 때마다 도움을 주는 정현도, 이동국에게 특별히 감사드립니다.

영감을 준 히말리안들과 숲의 친구들에게도.

숲에서 답을 얻다

초판 1쇄 인쇄 2026년 1월 12일
초판 1쇄 발행 2026년 1월 20일

지은이 홍성범

펴낸이 신원식
디자인 박경희, 함유선, 김정미
펴낸곳 도서출판 중도
주 소 서울 종로구 삼봉로 81 두산위브파빌리온 921
전 화 02-2278-2240
등 록 2007년 2월 7일 제2-4556호

ISBN 979-11-85175-80-5 03480
값 : 25,000원